嘘だらけの池田勇人

倉山 満
Mitsuru Kurayama

目次

第二章　官僚機構の頂点を極めても中間管理職

第三章　大臣になっても中間管理職

はじめに〜今なぜ池田勇人なのか

戦後最高の総理大臣と言えば、古くは吉田茂と相場が決まっていました。今だと田中角栄でしょうか。

吉田は敗戦後の混乱期に、横暴極まりないＧＨＱの圧力に対し、よく立ち向かいました。なにより日本を独立に導いた功労者ですから、批判したい点も山のようにありますが、ある程度の高評価は納得できます。

しかし最近は、なぜか吉田以上に田中角栄の評価が高く、角栄の本を出せば売れる「角栄産業」と言われるほどの大人気ぶりです。生前の角栄は、ロッキード事件など汚職で真っ黒の金権政治家として、およそマトモなオトナが名前を口にするのも憚られるような汚水の臭いがする政治家でしたが、今となってはその強引な政治手法が「強い政治家だった」と美化されて、意味不明な感慨が人気を呼んでいます。

現実の田中角栄なんて、所詮は高度経済成長の遺産を食いつぶしただけの無能な政治家なのに、「日本の経済が一番立派な時代を作った立派な総理大臣」みたいな間違った歴史認識が蔓延しています。

扶桑社の「嘘だらけ〜」シリーズは、間違った歴史観によって歪んでしまった日本人の処方箋となるべく、はじめられました。「田中角栄が日本の絶頂期の高度経済成長を築いた」「田中角栄こそ戦後最高の実力政治家だ」などの誤った認識は止されなければなりません。

もちろん、人間の評価に百点も零点もありません。角栄の凄さはナンバー2だった時です。角栄は池田勇人内閣で大蔵大臣を三度も務めました。だから高度経済成長をけん引した政治家のイメージが出来上がったのですが、実際の角栄は「池田に使われていなければ何をしでかすかわからない人」にすぎなかったのです。角栄ファンには申し訳ないですが、はっきり言います。この本では角栄なんか、取り上げる価値すらありません。本書では脇役としてのみ登場します。田中角栄なんぞを戦後最高の総理大臣だと言っていれば、未来永劫、日本人は負けっぱなしの民族で終わるでしょう。

さて、そんな吉田や角栄に対して、池田勇人の評価です。

通説

池田勇人、誰それ？
日本人をエコノミックアニマルにした人？

一時期、『週刊モーニング』で池田勇人を主人公にしたマンガ「疾風の勇人」が連載されましたが、打ち切りになりました。しかも、今は同じ作者の大和田秀樹先生が、『角栄に花束を』を描いています。池田が戦後日本人に、いかに認知されていないかを、悲しいほどに物語っています。

池田は、吉田と角栄の間にあって、忘れられている存在と言ってもいいでしょう。

しかし歴史を知ればわかりますが、この池田勇人こそ戦後最高の総理大臣です。日本を先進国にしたのは池田です。いくら陰りが見えたと言っても、日本は世界の中では経済大国です。われわれ現代日本人が、いま生きていられるのは、すべて池田勇人のおかげです。

今の日本はと言えば……。

戦争で負けて、すべての周辺諸国の靴の裏を舐めて生きている国に転落。
慢性的なデフレ不況が三十年も続いている。
日本政府は、災害対策もまともにできない。
自民党に投票したくないが、野党はもっとひどい。
トドメにコロナ騒動。

敗戦で軍備を取り上げられ、取り柄のはずの経済もダメになり、災害対策もマトモにできない。それでも何とか生きてこられました。

結局、今も日本人は、池田勇人の遺産を食いつぶしているのです。これだけイイトコなしの日本でも生きていける財産を残してくれた、偉大な総理大臣こそ池田勇人なのです。

一部のマニア、もとい学者と言論人の中には、「それまでの歴代総理は押し付け憲法を何とか改正して日本を自主独立の国にしようと努力していた。ところが池田が憲法改正を封印してしまった。池田なんて日本人をエコノミックアニマルにしてしまった元凶ではないか」と言い出す人もいます。

まったく違います。

史実の池田は、志半ばで病に倒れました。しかし、健康に恵まれ、佐藤栄作や安倍晋三のような長期政権を築いていたら、間違いなく大日本帝国は復活したでしょう。

池田と言えば自ら「経済の池田」を名乗りましたが、池田にとって経済は手段にすぎません。池田の真の目的は、大国に戻ることでした。

まず経済、国民に飯を食わせる。そして戦争に負けた日本人に、真っ当に働けば真っ当に評価される社会を用意する。そして世界の誰にも媚びない国になる。

知られざる戦後最高の宰相、池田勇人の物語のはじまりです。

第一章　若き日は挫折の連続

第一節　中学、高校、大学……すべての受験で挫折

最近、「イケダハヤト」というブロガーがいるそうです。ブログを書く人だからブロガーです。若い人に「イケダハヤト知ってる?」と聞くと、「イケハヤでしょ」と答えが返ってくるとか。イケハヤ氏、本名は池田勇人だそうで。明らかに親御さんが、歴史上の人物にあやかって名付けていますね。だとしたら、立派なご両親です。

さて、教科書で一度は目にしたことはあるであろう、池田勇人の印象です。

通説

池田は裕福な家に生まれ順風満帆の幼少年時代を過ごし、一流大学を出て大蔵官僚となった。早くから大蔵大臣や通産大臣のような要職を務め、最終的には総理大臣になった。最初から最後までエリート人生を歩んだ人物である。

池田が政治家をしていた時代、世間の印象はこんな感じでした。

まあ、半分くらいは本当ですが、池田の人生を丹念に追うと、印象はだいぶ変わってき

ます。

たしかに池田勇人は裕福な家に生まれ、京都帝国大学法学部を卒業し、大蔵省に入りました。京都帝国大学は一流大学ですし、大蔵官僚と言えば、当時も今もエリートです。そして官僚のトップの大蔵次官になり、その直後に衆議院議員初当選で大蔵大臣、最終的には総理大臣にまでなるので、何の障害もなく位人臣を極めたような印象があるかもしれません。

しかし、池田の若い頃は挫折、挫折、挫折、挫折また挫折と、挫折の連続なのです。

池田勇人は明治三十二（一八九九）年十二月三日、広島県豊田郡吉名村に生まれました。十九世紀生まれ最後の総理大臣です。父・吾一郎、母・うめの次男、七人きょうだいの末っ子で、長女とは二十歳も差があります。このような家庭環境の中、勇人はたいそう甘やかされて育ちました。

資産家の父はレンガ工場、銀行業、たばこ栽培、海運業、郵便局経営などさまざまな事業に手を出し、成功したり失敗したりしています。お父さん、多少の失敗は気にせずトライ&エラーの人だったようで、池田家は最終的には造り酒屋として成功した地元の名士さんです。

子供の頃は子分を率いてイタズラを繰り返すガキ大将でした。しかし、受験では全戦全敗です。

まず十三歳のときに、当時の子供たちの憧れの的だった陸軍幼年学校を受験しますが、視力が悪く、背が低かったために不合格となってしまいました。成績で落ちたわけではありませんが、男の子の場合、身体コンプレックスを抱きがちです。もっとも、身長のほうは後に伸びて、成人する頃には当時の平均を超える立派な体格になりますけれども。

中学校でもガキ大将ぶりを発揮します。いたずらや喧嘩をしていたほか、中学で酒やタバコを覚えたとの説もあります（鈴木文矢『池田勇人ニッポンを創った男』双葉社、二〇一七年、一〇頁）。

とはいうものの成績は良く、高校受験を前にすると猛勉強。日本で最も格が高い第一高等学校を目指します。一高から東京帝大へというのが当時最高のエリートコースです。しかし、池田はここでも失敗し、第一希望の一高には入れず、熊本の第五高等学校に入学します。

信用できない池田の伝記には「五高入学となったのは、試験の結果が必ずしも悪かったからではない。当時の高等学校の入学試験制度は、統一の入学試験における成績順で全高校の収容定員の総数の合否を決めた後、その合格者を各校に割り振るというものであったため、成績優秀者といえども志望校に入学できる保証はなかった。……いったん廃止されたが、池田にとって不運なことに、一九一七、一八両年度だけ復活した」などと書かれています（藤井信幸『池田勇人　所得倍増でいくんだ』ミネルヴァ書房、二〇一二年、九頁）。これだけ読むと、統一試験の合格者全員をくじ引きか何かで各地に割り振ったかのように読めますが、そんなことはありません。

統一入学試験の意図は、優秀な学生の救済です。旧制高等学校の中でも特に人気の高い一高（東京）と三高（京都）の不合格者の中には、他校の合格者より優秀な者が多かったので、彼ら成績優秀者がどこかの高等学校に入れるようにすることを主眼とした制度変更でした（天野郁夫『帝国大学　近代日本のエリート育成装置』中公新書、二〇一七年、九五頁）。当然ですが、一高は成績が良い順に合格させ、池田はそこにあぶれたから五高行きとなったのです。池田の運の問題ではありません。

藤井という著者は何が言いたかったのでしょうか。さっぱりわかりません。こういう輩が池田について適当なことを書き散らすので、池田勇人の評価が正当になされないのです。

藤井はあとがきで、「ボス教授が書く予定だったのだが、先生が怪我をして書けなくなったので代わりに書いちゃいました、てへ」みたいな言い訳を書いています。ゴミ本です。池田勇人の専門家以外、買う価値なし。これが学術書を名乗って良いのかと、ミネルヴァ書房の見識を問いたくなります。

それはともかく、統一入学試験の試験地であった名古屋で池田は佐藤栄作と出会っていて、佐藤もまた五高に入学しています。

一高を諦めきれなかった池田は「仮面浪人」をします。五高を一年休学し、一高を目指しますが、再び不合格となり、諦めて五高にとどまります。それで、佐藤の一年後輩となってしまいました。

しかし、池田はまったくめげずに、というか逆にめげて自暴自棄になったからなのか知りませんが、五高ではハチャメチャな生活を送っていたようです。通常の学生が月に二十五円程度でやりくりしていた時代に、池田は月額百円以上の仕送りを受けていました。学校をさぼって昼間から、囲碁を打ったり、友人を誘って酒を飲みに行ったりするものだから、たっぷりの仕送りも使い切ってしまいます。それで小遣い稼ぎに池田屋という屋台（居酒屋）を開いたのですが、ほとんどの客にツケで飲ませたので三日でつぶれてしまいました（土師二三生『人間 池田勇人』講談社、一九六七年、三一～三四頁）。

こんな放蕩生活を送りながらも、池田は大学を受験します。しかも目指すは東京帝国大学！　そして、またもや不合格になり、京都帝国大学法学部に入学します。

京都帝大でも世間的には御の字の名門大学です。しかし、兄は家業を継ぐため進学できず、優秀な次男坊勇人は家の期待を一身に受けていました。

中学受験を皮切りに、高校受験でも失敗し、今風に言えば大学受験では「仮面浪人」でも成功せず、でした。

ちなみに五高に入った佐藤栄作は東京帝国大学法学部に合格し、卒業後は鉄道省に入省しています。

第二節　就職でも挫折、大蔵省に入ったのに「Fラン」扱い

ここで当時の学制について簡単に触れておきます。一高（第一高等学校）や五高（第五高等学校）など第○高等学校は「ナンバースクール」とも言われ、明治期に創設された歴史が古い学校です。その後にできた他の高校より格上のエリート校でした。名前は「高等学校」でも、現在の大学の教養学部に相当します。そして、帝国大学は大学の三～四年次

から大学院修士課程程度に相当します。一高が東大駒場で東京帝大が東大本郷のようなイメージです。今の六・三・三・四制のように単純ではないので、何歳だからこの学校に通っていると一概に言いにくいものがあります。

大学での池田は五高時代とはうってかわって、まじめな生活を送り、成績もトップクラスです。高等文官試験に合格し、大正十四（一九二五）年四月、大蔵省に入省します。高等文官試験とは、高級官僚になる試験です。

このとき、故郷広島選出の代議士で立憲政友会の実力者だった、望月圭介の推薦を受けています。池田家は地域の郵便局長を務めていて、望月の支援者でした。池田が大蔵省か内務省か迷って相談に行くと、食事中だった望月は箸を転がしてその方向を見てから、「う〜ん……大蔵省に入れ」とつぶやいたとか（『池田勇人ニッポンを創った男』一五頁）。楽しい人です。

当時、司法省（司法官）と外務省（外交官）は独自の試験を設けていました。また、陸海軍省へは軍人が入りますので、これも別枠です。

それ以外の役所の中で、格が高いのは内務省と大蔵省です。内務省は「官庁の中の官庁」と言われ、特に内政において強力ではありましたが、成績がいい人が集まるのは、実は大蔵省でした。今も昔も大蔵省（財務省）は、日本で一番入るのが難しい役所と言えます。

内務省には、必ずしも成績優秀でなくても入れました。当時、知事は選挙によって選ばれるのではなく、内務省から派遣されていました。そして、内務省の課長の優秀な人材が地方に行き知事となり、彼らのうち優秀な者が局長として東京の本省に戻ってくるというシステムでした。だから、内務省は職員を大量採用する必要があったのです。

水谷三公『官僚の風貌』（中央公論新社、一九九九年）一六二頁には、「戦前の大蔵省なら十人前後の学士採用が普通で、成績上位組に絞った採用も可能だったが、内務省は四、五十人、年によっては六、七十人にも及ぶ採用規模だった。高文合格者は三、四百人だから、他省と競合しながら、成績抜群だけで採用定数を充足させるのはもともと難しかった」とあります。

そのため、試験の席次が二二二番の内務官僚もいます。二二二番と言えばビリから数えたほうが早いぐらいの席次です。後の内閣法制局長官・法務大臣の高辻正己です（同、一四一頁）。

内務省は政治家との付き合いが大事なポストです。それに対して大蔵省は、お金（経済・財政）という特殊な技術を扱う役所です。言い換えれば内務省がジェネラリスト集団で、大蔵省がスペシャリスト集団です。そして、必ずしも成績優先ではない内務省に対して、大蔵省は成績優秀なエリートぞろい。

そんなすごい官庁に入れた池田勇人、ここで今までの敗北を取り返したかと思ったら大間違いです。

京都帝国大学法学部卒と言えば、どこへ出てもエリート扱いされそうですが、大蔵省だけは別です。大蔵省では「東大法学部にあらずんば人にあらず」です。京大法学部卒の池田は、大蔵省に入ったがために「Ｆランク」扱いされてしまいます。

現在の財務省に至るまで、官僚のトップである事務次官に東大以外の出身者が就いたのは、池田勇人と平成時代の藤井秀人（京大法）、そして現在の矢野康治事務次官です。矢野さんは一橋大学経済学部出身です。経済を扱う役所なのだから経済学部で当然と思ったら、これも大間違いで、天下の法学部は一番偉くてオールマイティ、明治時代から「法科万能主義の弊害」が言われるほど。官僚の世界では、経済学部は二流なのです。東大でも法学部でもない矢野さんは二重の意味でハンデを背負っていたと言えます。ですから矢野次官は正真正銘「Ｆランの星」です。

感覚が麻痺しそうになりますが、京大法学部とか一橋大経済学部って、普通は一流大学として扱われます。しかし、大蔵省（財務省）は、「東大以外の次官など、昭和・平成・令和の元号に一人で十分」という役所なのです。確かに、敗戦後に池田、平成の藤井、令和の矢野と、一つの元号に一人ずつです。明治初期の変革期に登用された人たちはともかく、日露戦争直後の若槻礼次郎から敗戦時の田中豊まで、大蔵次官は一人残らず東京帝国大学法学部（その前身の帝国大学法学部）です。池田が入省した時には「大蔵省では東大法学部以外は人にあらず」の世界が出来上がっていました。格下扱いされるのは、「一高を出ていない」とか「経済学部だ」という経歴であって、京大の池田は格下扱いすらしてくれない立場だったのです。言ってしまえば、視界に入れてもらえないのです。

大蔵省の「階級差別」をよく表す話が、若槻礼次郎の『古風庵回顧録』にあります。当時、高等官とそうでない人（判任官）とは食堂が別々になっていました。今で言う、キャリア官僚とノンキャリアの違いです。大蔵省に入った若槻は、高等官食堂で食事をしていたのに行政整理のあおりを食らって「判任官の食堂に甘んずる」ことになってしまったと晩年になっても憤っています（若槻礼次郎『明治・大正・昭和政界秘史――古風庵回顧録』講談社学術文庫、一九八三年、五四頁。初版は『古風庵回顧録　明治、大正、昭和政

界秘史　若槻礼次郎自伝』読売新聞社、一九五〇年）。
若槻礼次郎は温厚な人として知られているのですが、そんな若槻でもこれですから、大蔵省は悪気なく天然で差別する人たちの集まりです。

第三節　出世で同期においていかれ、後輩にも抜かれる

池田の同期入省者には山際正道（東京帝大経済学部卒、のちに大蔵次官・日銀総裁）、田村敏雄（東京帝大文学部卒、のちの宏池会事務局長）、植木庚子郎（東京帝大法学部卒、のちの主計局長）がいます。一期下には、終戦時に鈴木貫太郎内閣で書記官長（官房長官）として終戦工作を取り仕切った迫水久常や、後の総理大臣の福田赳夫がいます。

ちなみに植木は池田内閣や佐藤内閣で法務大臣を務め、田中角栄内閣では大蔵大臣となります。角栄と福田が総理大臣のイスを争った角福戦争のとき、田中派の選挙参謀に据えられます。他の角栄側近たちが忙しく動き回っているときに、一人だけ事務所でプロレス中継を見ていたというエピソードが残っているような無能な人です。大臣になってからも、周囲から煙たがられています。角栄のでたらめな方針を忠実に実行し、狂乱物価を引き起こしました。田中角栄は自分の権力を誇示するために無能な人をあえて要職につけるとい

う悪いクセがありましたが、その嚆矢が植木蔵相です。

同期の山際や後輩の迫水・福田が欧米に派遣される中、池田はといえば昭和二（一九二七）年に函館税務署長、昭和四（一九二九）年に宇都宮税務署長と地方回りをしています。はっきり言いますが、「ドサ回り」です。

当時は、外国留学が大変なステータスでした。東大教授になると一〜二年、望みの国に派遣される時代です。今では国家公務員志望者が激減していますが、それでも目指す志望動機を聞いてみると、「タダで留学させてもらえるから」という若者が少なからずいます。

税金で修士号をとらせてもらえることが、官僚になるメリットというわけです。今でさえそうなのですから当時の外国留学経験は、ほとんど貴族への昇格のような意味あいがありました。大蔵省では当時、大学の成績をもとにまず四、五人の採用を決めていたようです。そのうちの一番、二番くらいを財務書記官として海外に派遣し、これに選ばれるかどうかが、その後の出世に大きく影響しました（『官僚の風貌』一三〇頁）。

池田も努力して大蔵省入りしたわけですが、東大法学部卒でなかったために、「大蔵貴族」の仲間には入れてもらえません。言うなれば、アパルトヘイト下の南アフリカにおけるプアホワイトか名誉白人のような位置づけです。白人ではあっても、その最下層にいる人々です。「黒人よりはマシ」という立場です。

もっとわかりやすく言うと、このときの池田の状況はモーニング娘。の保《やす》田《だ》圭《けい》の立ち位置です。売れっ子の安倍なつみ（なっち）や飯田圭織、ずっと後から入った後藤真希などが海外ロケで写真集を作ってもらえるのに、『保田圭写真集』の撮影場所は事務所から歩いて三分の麻布十番です。

それでも保田は卒業ライブの観客動員数では歴代メンバー中の一位で、なっちの一万七千人に対し、二万八千人でした。芸能界は人気がすべて、モー娘《むす》保田は実力で見返すことができましたが、大蔵省に入った池田にそんなチャンスは見えてきません。

池田は、函館税務署長を皮切りに約二十年間ドサ回りです。敗北を取り返すどころか、出世競争から脱落してしまいました。人生四度目の挫折です。

とはいうものの、世間的には天下の大蔵官僚、伯爵令嬢の広沢直子との縁談が決まり、昭和二（一九二七）年、井上準之助（当時は元蔵相）の媒酌で結婚します。

第四節　難病で休職、そして妻の死

当時の大蔵省では、二十七〜八歳で地方の税務署長を務めました。署長の仕事といえば、ひたすら接待づけになること、「若殿様」でいることです。地元の名士が、東京からやってきた役人を接待し、中央政府に目をつけられないようにする。中央省庁から派遣されてきた若署長は盲判を押すだけ。こうした官官および官民接待により、地元財界との癒着が成り立つという構図です。

それにしても、通常の場合は、一度だけ地方の税務署長を二年ほど務めた後に中央に戻してもらえるのですが、二回連続。さらに地方をぐるぐる回されるという時点で出世の芽はありません。

ただ、ここで池田が偉かったのは、現場で仕事を覚えたことです。明治の官僚も令和の今もあんまり変わらないので、官僚の実態を説明します。官僚には大きく二種類います。一握りのキャリアと、圧倒的多数のノンキャリアです。

キャリアとノンキャリアの違いは、最もわかりやすい警察で説明します。警察の仕事は、捜査と逮捕です。事件を捜査して、犯人と疑わしい人物を逮捕する。実際の警察の仕事をするのは、ノンキャリアです。ドラマ『相棒』で言えば、主役の水谷豊演じる杉下右京はキャリアですが、歴代相棒のうち初代の亀山薫（演・寺脇康文）、二代目神戸尊（演・及川光博）、三代目甲斐亨（演・成宮寛貴）はノンキャリアです。現在の四代目、冠城亘

（演・反町隆史）は法務省キャリア出身という手の込んだ設定です。法務省は司法試験に受かっていないとノンキャリア扱いされますが、あそこの役所はわかりにくいので、詳しく知りたい方は『検証　検察庁の近現代史』（光文社新書、二〇一八年）をどうぞ。著者名は忘れましたが、あれは名著です。普通、キャリアは現場で捜査なんかしないのですが、杉下は左遷されたので、現場でノンキャリと一緒に捜査しているという設定です。ほとんどすべてのキャリア官僚の仕事は、「省内の調整」「他省庁との調整」「政治家との調整」「業界団体との調整」「法案の作成」です。現場の仕事なんか、キャリアはやりません。警察だと、キャリア官僚で殺人事件の捜査や逮捕ができる人なんか、いません。

大蔵省（財務省）でも状況は同じで、東京のエリート官僚は予算や税金や金融やマクロ経済のことなんかわかっていません。現日本銀行総裁の黒田東彦さんは「あの人は財務省出身なのに珍しくまっとうな経済学を修めている」と言われていたものですが、ということは他の人は推して知るべしでしょう。

もっとも大蔵官僚（財務官僚）の偉いところは、わかってもいない予算や税金や金融やマクロ経済のことを、立て板に水の如く滔々と解説できるので、さもわかっているかの如き幻想を振りまく才能にだけは溢れているところですが。

池田は左遷され出世が絶望的な状況で、現場のノンキャリアの中に入って、仕事を覚えました。池田が何をしたか？　地方の税務署員と一緒に飯を食い、酒を飲み、仕事を教えてもらいました。単に書類の字ヅラと数字だけではない、生きた知識です。言葉や数字は眺めているだけでは意味が解りません。役所の文書には必ず行間に意味があります。凄腕刑事が何十年もその道一筋で覚える技術と知識があるように、税務署の職員にも同じように技術と知識があります。それを池田は、実地に覚えていったのです。アパルトヘイト下の名誉白人が黒人と肩を組んで仕事をするかの如き光景です。他の「白人」は自宅に「黒人」を招いて食事をするなんてありませんが、「名誉白人」の池田は拘りませんでした。

いつしか池田は「税のプロ」となっていきます。「大蔵省の杉下右京」と言えば、急にかっこよく思えてきました。

そんな昭和五（一九三〇）年九月、池田は落葉性天疱瘡という難病にかかります。体中から膿が出てかゆくて、かけばかくほど余計に苦しむという地獄の苦しみの病気です。当時は治療法がなく不治の病でした。ただでさえ出世が遅れているのに、休職せざるを得なくなります。

しかも、昭和七（一九三二）年三月、妻直子が看病疲れで死んでしまいます。まもなく、池田は大蔵省を退職し、広島の実家で療養生活を送ります。

時は昭和初期、日本も世界も危機的な時代を迎えています。

昭和四（一九二九）年、浜口雄幸内閣の井上準之助蔵相が金解禁（金本位制への復帰）を断行し、世界恐慌が押し寄せています。昭和五年にはロンドン海軍軍縮会議で統帥権干犯問題が起こり日本の右傾化が危惧される中、昭和六年に満洲事変の勃発、昭和七年に五・一五事件によって憲政の常道が終焉。さらに翌八年には国際連盟を脱退しようという時期です。

激動の歴史のただ中にありながら、日本や世界の運命とはまったく関わりを持てなかったのが、当時の池田勇人です。

もっとも、悪いことばかりではありませんでした。ちょうど五・一五事件で政党内閣が終焉を迎えた頃、遠縁の大貫満枝が看病に来てくれました。後に池田が再婚する女性との出会いです。満枝の献身的な介護の甲斐があってか、病状が回復に向かいます。

母うめは「勇人の病気が治ったら必ずお礼詣りに参上します」と願をかけていたので、回復の兆しが見えた勇人を連れて伊予大島の島四国（四国八十八ヶ所巡りの小型版）巡礼の旅に出ます（『人間 池田勇人』五八頁）。

その後も病状は徐々によくなり、ついには全快します。

病気から立ち直った池田は、昭和九（一九三四）年の春に日立製作所への就職が内定します。このときも大蔵省入省にあたって推薦してくれた望月圭介を頼っています。

ただ、池田はあきらめきれなかったようで、大蔵省に電話をかけました。

この電話を機に秘書課長の谷口恒二の肝いりで池田は大蔵省に戻ることになります。

なお谷口恒二は一九一二〜一六年に主計局長、一九一六〜一九年に大蔵次官という経歴で、超重要人物のはずなのですが、残念ながら情報がほとんどありません。大蔵省史では単に「池田勇人を呼び戻した課長」とだけ記されています。

本来ならば二年の休暇期限が切れた池田は役所に復帰できないのですが、谷口がどうにかしたとのことです。

第五節　生涯の友と出会い、再婚、そして暗い時代

この頃の大蔵省について、「軍部にいじめられたかわいそうな人たち」のようなイメージを持っている人が多いので、少し補足しておきます。

戦後、アメリカに睨まれた官庁はつぶされました。いわば本丸である陸軍省は当然のよ

うに廃されます。海軍省も同罪。内務省は英語のできる人がいないので、陸軍の宿敵だったのに陸軍の仲間と思われて一緒につぶされました。外務省はさすがに英語ができるので、「我々は国際平和協調を説いていたのに強い陸軍に抗しきれないか弱い存在であった」と主張して生き残ります。そして、大蔵省には外務省よりも英語が上手な人がそろっているので、「横暴な軍部に立ち向かったが力がおよばなかった」との構図を占領軍に信じさせます。詳しくは、小著『財務省の近現代史』（光文社新書、二〇一二年）を読んでいただきたいのですが、大蔵省はアメリカ人を誑《たぶら》かして生き残った役所なのです。「軍部がすべて悪かった」の歴史観はここに端を発しています。しかし、大蔵省はそんなにか弱い官庁ではありませんでした。

ある時、大蔵省主計局の陸軍担当の主査が、出張で満洲にやってきました。主計局とは予算を編成し他省庁がいくらお金を使って良いかを査定する局、主査とは課長補佐のことです。当時の中国東北部は満洲国という独立国で、実質は日本の勢力圏でした。より正確に言えば、日本陸軍の縄張りです。満洲を実質的に支配していたのは、関東軍です。

そんな満洲で、関東軍憲兵司令官は辞を低くして専用機への同乗を求め、渓谷の鉄橋の上で列車を止めて釣りを楽しんでもらおうとした、等々の度を越えた卑屈な態度で官官接待を行ったとの伝聞が残っています（川北隆雄『大蔵省　官僚機構の頂点』講談社現代新書、一九八九年ほか、さまざまなバリエーションがあります）。

この時の関東軍憲兵司令官は「泣く子も黙る」「カミソリ」と言われた東条英機、後の首相です。主査は福田赳夫、これまた後の首相です。五十を超える東条が、三十そこその福田をもみ手で接待する。「軍部」と大蔵省の力関係がよくわかる話です。

さて、池田が復職する年（昭和九年）の四月には、後に政治家池田の経済ブレーンとなる下村治が大蔵省に入省しています。東京帝大経済学部卒で、池田より十一歳年下です。

下村が学内雑誌にマルクス批判論文を書いたところ、高名な経済学者の大内兵衛が「下村というのはどこの大学教授だ」と言ったという説があります。これに対して下村の評伝を書いている上久保敏は、経済学部教授の大内であれば学生が編集した雑誌の執筆者の所属ぐらい調べられただろうから実話ではないだろうとしていますが、大学教授が書いたものと言われても疑われない内容だと認めています（上久保敏『下村治：「日本経済学」の実践者（評伝・日本の経済思想）』日本経済評論社、二〇〇八年、七頁）。下村が学生時代から異能の人であったことは間違いないでしょう。

後の高度経済成長は、この下村の理論をもとに池田が実現していくことになります。

十二月、大蔵省に復職した池田は、大阪の玉造税務署長になりました。やっぱり、地方赴任です。ここで池田は、税金を取ることにかけては強気で、玉造税務署長時代には圧力釜という渾名がつくほどでした（林修三『法制局長官生活の思い出』財政経済弘報社、一九六六年、二四〇頁）。

そして池田は、このころ和歌山税務署長の前尾繁三郎と知り合います。前尾は池田の四年後輩で、肋膜を患い、一度退職して復職するという池田と似た経歴の持ち主です。そんな共通の背景もあって、生涯の友となり、前尾はのちに池田政権を支える幹事長となります。

また、玉造税務署長となってまもなく池田は再婚します。相手は難病の勇人を親身に看病してくれた満枝です。先妻の直子夫人とは子がありませんでしたが、この満枝夫人とは三人の娘に恵まれることとなります。

池田が玉造税務署長に就いた半年後には熊本に異動し、税務監督局直税部長となります。まだまだ地方をドサ回りです。

昭和十一（一九三六）年には、二・二六事件という重大事件が起きます。大蔵省にも大激震が走ります。

二・二六事件では、高橋是清大蔵大臣が殺されました。後継の大蔵大臣は馬場鍈一です。この馬場が現状維持の広田首相の取り巻き連中と現状打破を求める陸軍との間でマッチポンプをやりながら、自由主義閣僚を排撃し、軍拡路線を軸とする組閣を仕切りました（『大蔵省史』第二巻（大蔵省財政金融研究所財政史室、一九九八年）および『検証　財務省の近現代史』）。

そして、馬場が大蔵大臣になって真っ先に行ったのは、高橋人事の一掃です。津島寿一次官は退任し、高橋是清の「三羽烏」といわれた賀屋興宣主計局長、石渡荘太郎主税局長、青木一男理財局長の三局長を、一斉に左遷しました。

このように省内人事を壟断《ろうだん》した後、自分の言いなりになる子分で周囲を固めて、準戦時体制予算を作成しました。この頃、満洲事変（昭和六〜八年）はもう片づいているし、支那事変（昭和十二年〜）はまだ始まっていません。戦時ではないので準戦時です。なお、『大蔵省史』第二巻にも「準戦時体制下の大蔵省」という章が設けられ、増税と統制経済を推進する馬場蔵相への筆誅がこれでもかと書き連ねられています。

悪名高い、「帝国国防方針」が改訂されたのもこの年です。どれくらい悪名高いか。「悪」など過大評価で、「愚」の極みです。

明治末期に定められた「帝国国防方針」では、陸軍がロシア（後にソ連）、海軍がアメリカを仮想敵国としており、米露両国と同時に戦争するような気宇壮大な作文が書き連ねられています。日露戦争直後に本気でそんな気などなく、陸軍がロシアへの警戒で予算を要求したので、自分の予算が削られたら困る海軍が「アメリカとの関係が悪化している！」などと言い出し、どっちかに決めたらメンツが潰れるので、妥協案として両方を敵にすることにしました。

この時点でいい加減に愚かなのですが、昭和期には本当にその両国との関係が悪化します。そんな時に昭和十一年の改訂で、「陸軍は中国も！」「だったら海軍はイギリスも！」と仮想敵を追加し、本当に米英ソ中の周辺四か国すべてとの関係が緊張、軍事予算が必要になるという、愚かさ加減を累乗したような改訂が行われました。そもそも、陸軍と海軍で仮想敵が違う時点で国家としてどうかしているのですが、そんな陸海軍を抑えていた実力者の高橋是清は亡く、陸軍の手先どころか、陸海軍全体を煽るような馬場鍈一が蔵相として、大蔵省を振り回します。

そして、これに対応するために陸海軍以外の省庁が大幅なしわ寄せをこうむります。新規の予算がほしければ他の予算を削るよう要求されたのです。

こうして無理やり予算を捻出するのですが、それでも足りない場合は、日銀の直接引き受けで国債を刷る。民需は徹底した緊縮予算をやった上で、軍需偏重の積極財政を行います。しかし、周辺すべての国と喧嘩するという計画なので、軍事費はいくらあっても足りません。それで増税する。財源が足りると軍拡の繰り返しです。

もはや、世界征服するまで終わらないような、準戦時体制予算を組みました。しつこいですが、昭和十一年の段階では、戦時体制ではありません。「準」戦時体制です。

自由主義経済を旨とする大蔵省にとって、国民を苦しめる経済統制と増税は、本来の伝統に反します。『大蔵省史』も高橋蔵相が過熱する景気の引き締めに転じていた時期に、あえて財政膨張に踏み切ったことを「馬場蔵相の登場は大蔵省にも大きな変動をもたらした」（『大蔵省史』第二巻、一四四頁）と批判します。あらゆる経済法則に反した行為で、日本を意図的に滅ぼそうとしていたとしか思えない行為でした。

したがって、大蔵省にとっては四日で収束した二・二六事件そのものではなく、二・二六事件の直後におこった馬場人事・馬場財政のほうが大問題なのです。

現在、日本政府は膨大な国債を発行し、それを黒田日銀が買い取っていますが、財務省が本能的に嫌がるのは、このときのトラウマです。現代を生きる財務官僚までもが、いまだに馬場財政の悪夢にうなされているという強烈な後遺症を残しているのです。

とにもかくにも、馬場によって日本も大蔵省も、「国が亡びるまで増税」のレールに乗せられました。

池田勇人が本省に呼び戻されたのは、この馬場時代でした。逆に増税することを前提とした体制になったので、税の専門家である池田が中央に呼ばれたわけです。それで池田は大蔵事務官として主税局に勤務します。

若き池田勇人は期待に応えて、ジャンジャカ税金を取りまくります。池田は二十年に及ぶ長いドサ回りを終え、東京に戻されたことが嬉しくてしかたがないのです。税金を取ることがお国のためだと思いこんで必死に仕事をしました。

彼の徴税ぶりは有名で、根津嘉一郎の遺産相続のときや、講談社の野間清治にたいするとり方はすさまじいものがあったらしい。池田はのちによくそのことを思い出した。「俺はあのころ、税金さえとれば、国のためになると思っていたんだ」と言ったことがある。(伊藤昌哉『池田勇人とその時代』朝日文庫、一九八五年、七六頁。初版は、『池田勇人その生と死』至誠堂、一九六六年)

後年の池田はこのように若気の至りと猛省しています。しかし、それまでの池田の虐げられていた環境や病などの逆境で出世が遅れていたことなどから考えると、大所高所から物事が考えられなかったとしてもやむを得ないでしょう。いわば「専門バカ」「純粋まっすぐな職人」です。コロナ対策で政府アドバイザーをしている医者が、感染症を減らせば他のすべてはどうなってもいいという思考回路に陥るのと一緒です。

ただ、本省に戻されたとはいえ、池田はまだ冷遇されています。後年になってもボヤいています。「重要会議がおこなわれる。ぜんぜん俺を呼んでくれないんだ。俺ひとりだけがポツネンととりのこされる。こんちくしょうと思った」（同、七五頁）。

逆にそれだからこそ池田は、「役所でどんぶりめしの夜食を食べながら、税務の下積み官吏と一緒に仕事をする。親しくなる。もちろん鬼のように仕事を言いつけるけれども、連中の苦しみはわかるようになるし、下僚のやっている仕事をすっかり把握することができた」のでした（同）。

第六節　長女「直子」誕生と賢夫人の満枝さん

昭和十一年七月、長女が生まれます。直子と名付けました。

今風に言えば、「元カノの名前を娘につけた」でしょうか。この話をＯＬさんにすると、「池田勇人を嫌いになる率１００％」です。

ただ、先妻は看病疲れで亡くなってしまったわけですから、池田としては生まれ変わりのように思ったのかもしれません。ここは、それを受け容れた後妻の満枝さんを称えるべきでしょう。

なお男子はなく、池田の選挙地盤は婿養子で大蔵官僚の行彦が継ぎました。行彦が婿入りしたのは勇人の死後ですから、これはすべて満枝さんの責任ですが……。

池田は医者も匙を投げるような不治の病から回復するなどの体験を経て、朝起きると東の方に向かって柏手を打つことを日課にするなど信心深いところがありました。特定の宗教に帰依するというのではありませんが、末広がりの八の字を好み、内閣の組閣や改造には常に「八」の日を選ぶなど験を担いだりしています（沢木耕太郎『危機の宰相』魁星出版、二〇〇六年、七五、二三〇頁）。

ちなみに宮澤喜一によると「たぶん当時の世の中では、広澤さんの娘さんをもらっておいて、親類の娘と一緒になってしまって申し訳ない、と池田さんのご両親は考えたんでしょうね」（御厨貴・中村隆英編『聞き書　宮澤喜一回顧録』岩波書店、二〇〇五年、二十七頁）。また後妻の満枝夫人は控えめな賢夫人で、元池田派代議士による証言によると「難病が治癒したあと二人は挙式したが、挙式に満枝夫人はあえて亡き直子さんの振り袖を着て出たんです。池田の身代わりで亡くなったと、前妻への哀悼、感謝の気持ちだった」とあります。また「満枝夫人の思いから池田邸には亡きこの前妻の写真が飾ってあり、さすがの池田も『もういいから、あれをはずしてくれんか』と言っていた」そうです（小林吉弥『宰相と怪妻・猛妻・女傑の戦後史：政治の裏に女の力あり』だいわ文庫、二〇〇七年、六三～六四頁）。

そんな満枝夫人ですから、「直子」の名をつけることにも理解を示したのでしょう。

ところが、こんな貞淑な満枝を妻に持ちながら、池田が浮気をしたことがあります。それを知った満枝さんは、家に帰ってきた池田を風呂場に連れていき、池田の首根っ子をつかんで、湯船に頭を突っ込んだとか。

満枝さんの気持ちはよくわかります。

第七節　そこそこ出世の池田、激動の世界情勢と関係があるようなないような

昭和十二年前半は、広田内閣が一年で潰され、後継の林銑十郎陸軍大将の内閣はもっと早く四か月で潰され、六月に近衛文麿貴族院議長が組閣しました。

直後の七月、支那事変が勃発します。あれよあれよと戦線は拡大し、準戦時体制が本物の戦時体制になってしまいます。名前は「事変」ですが、経済状態からすると戦時体制に入っています。現代の歴史教科書では「日中戦争」と呼ばれます。

池田は昭和十三年十月に東京税務監督局直税部長となります。本省を離れますが東京に留まっていて、半年後の昭和十四年四月には本省に戻り、主税局経理課長となります。それなりに出世しています。家庭的にも子宝に恵まれ、翌昭和十五年一月には次女紀子が誕生します。

昭和十六（一九四一）年には、税務講習所の設置を提案し、自ら国税徴収法の講義を担当。また、法政大学の夜間部で財政学の講義を受け持ったりしています（池田会編『池田さんを偲ぶ』財務出版、一九六八年、一三六、一四八頁）。

そこそこ出世しているとはいえ、遅れは取り戻せていません。満枝夫人によると、当初

は本省に帰れたことを喜んでいた勇人も、だんだん不機嫌になったといいます。宴会や結婚式などに出ると「昔の同僚ははるか上席にいるのに、自分は末席に座らされる、くそおもしろくないから早く帰ってきた」と言って家でお酒をがぶ飲みするようなことがよくあったそうです（林房雄『随筆池田勇人』サンケイ新聞社出版局、一九六八年、八三頁）。

日本は中国大陸全土で、泥沼の支那事変にのめりこんでいます。七大都市を落とし、敵首都を重慶の山奥に追いやったのに、米英ソの三国が支援するから中国は降伏しない。それだけの戦費を支えるために、国民には増税に次ぐ増税です。「ぜいたくは敵だ」「欲しがりません、勝つまでは！」などと自粛生活が強要され、隣の人の生活をお互いに見張るような同調圧力が社会全体に広がります。しかし、政府は事態解決の見通しを示せず、雲をつかむような話ばかりなのに、批判は許されない。

そして、昭和十六年十二月八日の真珠湾攻撃によって、大東亜戦争開戦となります。

その翌日、池田は大蔵省主税局国税課長となりました。大蔵大臣は賀屋興宣。賀屋はエリートながら人情にあふれた人です。現在も主計局のノンキャリアOBの親睦会で「七夕会」というのがあるそうですが、この会の発起人が賀屋です。縁の下の力持ちとして支えてくれているノンキャリアに報いようとの趣旨です（神一行『大蔵官僚』講談社、一九八二年、二六～二七頁)。

賀屋は、本来は高橋是清「三羽烏」筆頭の自由主義者なのですが、戦時体制の中で自らの手で増税を行う羽目になりました。首相の東条英機に乞われて蔵相についたのですが、その条件の「アメリカと戦争をしないこと」は守られませんでした。東条も必死にアメリカとの和平を探ったのですが、事態がこじれすぎていたので約束を果たせず、開戦に至りました。戦いが始まってしまったら、大蔵省に選択肢はなく、戦費を調達するのみです。そして池田勇人もまた、臨時軍事費を捻出するため増税に励むことになります。

戦前の大蔵省が軍部などよりよほど強かったことは前述の通りです。その大蔵省がなぜ戦争も軍拡も止められなかったか。

令和三年の日本に生きている読者の皆様は、体感しているでしょう。陸軍の強さは、今の日本医師会と同じです。医師会や手先の分科会、厚労省など普段なら「ザコキャラ」ですが、コロナ禍のパニックのドサクサで、財務省を相手にやりたい放題です。今や無限に近い財政出動を迫られています。ちょうど陸軍が戦争終結に反対し続けたように、医師会もコロナ禍が終わってほしくないかのような言動を繰り返しています。今の医師会は政府に「ゼロコロナ」を強要していますが、戦時中の陸軍が「大東亜共栄圏」を絶叫していたのと同じです。絶対に実現不可能な理想を掲げてパニックを継続させる。

国民がパニックに陥れば、誰もその流れを変えられないのです。「戦争だ」＝「コロナだ」と国民全員がパニックになっているときに、「軍拡だ」＝「コロナ対策だ」に誰も逆らえない。今の財務省が医師会の主張にお手上げなのと同じ構図が、当時もありました。当時の陸軍が世論の支持を受けて、無尽蔵の歳出拡大を要求してきたときに天下の大蔵省は拒否できなかった。そして、今現在コロナ禍で政府が愚かな政策決定を強要されています。

歴史は繰り返す。一度目は悲劇として、二度目は喜劇として。今は空襲で家を焼かれないだけマシですが、実に滑稽です。

そして、当時の池田勇人は、誤った政策を遂行する側の歯車のひとつでしかなかったのです。

昭和十七（一九四二）年、池田には喜ばしい出来事が起こります。十一月、主税局国税第一課長となりました。

このときのことを池田はのちに「はじめて大蔵大臣になったときもうれしかったけれども、主税局の第一国税課長になったときほど、うれしかったことはない」と回想しています（『池田勇人とその時代』七三頁）。

そらそうでしょう。アパルトヘイト下の南アフリカで、「名誉白人」が白人と同じ地位に立てたのですから。そもそも、「大臣になるより課長になる方がうれしい」が大蔵省の価値基準です。ちなみに、昔のノンキャリアの人たちは本省課長になると、親戚を全員呼んで赤飯を炊いてお祝いしたそうです。今は知りませんが。

池田は出世していきますが、戦況はどんどん芳しくない方向に進んでいます。十二月にガダルカナル島撤退を決定。天王山のガダルカナルが陥落してからは、日本は苦しく長い撤退戦を強いられます。もちろん、国民生活は、さらに苦しくなります。

戦争末期の昭和十九（一九四四）年、池田は四谷信濃町に転居します。今でこそ信濃町の池田さんと言えば、池田大作創価学会名誉会長ですが、昔は池田勇人でした。そんなことはどうでもいいので次に行きましょう。

この年、池田は東京財務局長となります。課長から局長への「出世」ですが、これ以上は望めないと思ったか、池田は満洲へ渡ることを考えます。大蔵省の先輩である古海忠之に「満洲に呼んでくれ」と頼み、よい返事をもらっています。しかし、母親の反対で、結局のところ満洲行きは断念しています。

ところで満洲は岸信介が深く関わっていた土地でもあります。

岸信介は昭和十一（一九三六）年、商工省の役人として満洲国に渡り、満洲経営を行っていました。満洲国の大物五人（東条英機・星野直樹・鮎川義介・岸信介・松岡洋右）を名前の最後を取って「弐キ参スケ」といいますが、その内のひとりが岸です。いわば事実上、満洲国を差配する絶対権力者です。その後、岸は東条内閣では商工大臣となり、そのため戦後はA級戦犯被疑者として巣鴨拘置所に収監されるわけです。

終戦間際の昭和十九年、岸が国務大臣として国の舵取りをしているとき。池田は岸が踏み台にした満洲に下っ端役人として渡ろうとしていたのです。

戦前の岸と池田では、両者の立場には、ここまで雲泥の差がありました。

第八節　宮澤喜一にすら小馬鹿にされる不遇

池田が増税に励んでいた頃、昭和十七（一九四二）年四月に同郷の宮澤喜一が大蔵省に入省しています。宮澤を大蔵省に誘ったのは池田でした。誘われたのはありがたいものの、宮澤は大蔵省に入ってはじめて池田の省内での位置づけを理解します。

私の大蔵省での保証人の一人は、自分が配属された課の課長補佐であった森永貞一郎という人でした。これは後世もみんな、なるほどね、と言います。もう一人は池田勇人氏なので、なんでこんな人が保証人になっているのか、と何度も聞かれました。

（『聞き書 宮澤喜一回顧録』一二六頁）

さすがに生前は「政界最悪の性格の悪さ」で鳴らした宮澤です。派閥の領袖の大平正芳が香川県出身なので「田舎者」と罵倒し、竹下登に学歴を聞いて「東大じゃなくて早稲田ですか。せめて政経学部ですよね……以下略」としつこく絡んだ等々の伝説が無数に残る人物です。これでも宮澤基準では池田に恩義を感じている書き方です。

なお、ここで出てくる森永は後に池田や大平の側近で、大蔵次官から東証理事長に天下った後、日銀総裁として二度の石油ショックを鎮圧した、名官僚です。大蔵省では「ドン中のドン」という言い方があるのですが、さらにそのまた「ドン中のドン中のドン」です。

池田と宮澤の縁ですが、これも望月圭介が関係しています。

池田の父が望月圭介の支援者で、池田が望月の推薦で大蔵省に入ったり、病気から回復したときに日立製作所への就職の世話をしてもらったりしたことは前述の通りです。宮澤喜一の父・裕《ゆたか》はその望月の秘書官をしていました。そして、池田勇人と広沢伯爵の娘直子を娶らせた事実上の仲人が宮澤裕です（同、二七頁）。

宮澤喜一は、かなりの頑固者で、戦後、政治家となった池田の秘書官をしていた頃に、こんなエピソードがあります。

どしゃぶりの雨の中、池田と宮澤秘書官と小島秘書が同じ車に乗っていました。池田と宮澤の間に激論がはじまり、宮澤は譲らない。池田は怒って叫びました。

「宮沢、車を降りろ！　降りりんのか。小島！　宮澤をつまみ出せ！」

しかし、宮澤は頑として聞き入れず「私は降りません」で頑張り通したということです（『池田勇人とその時代』二八四頁）。

ちなみに昭和五十九（一九八四）年三月、宮澤が六十五歳の時にホテルニューオータニで暴漢に襲われ、三十分ほど格闘の末、ようやく逃げ出すことができたという武勇伝があります。三十分も一対一で組んずほぐれつですから、相当に体力を消耗します。縫うような怪我もさせられ、灰皿をぶつけられた上あごには軽い後遺症が残ったそうです（『聞き書 宮澤喜一回顧録』二八八～二九一頁）。

それはさておき、戦後は池田のブレーンのひとりとして高度経済成長の一翼を担っていく宮澤喜一が入省時には「なんであんな人が保証人」と言われてしまうほど、池田の大蔵省での立場は情けないものでした。

これは宮澤の性格が悪いからではなく、アパルトヘイト下の大蔵省では、「名誉白人」の池田は、どこまでいっても差別的待遇を受けるのです。

第九節　どこか「残念臭」の漂う池田の前半生

昭和十九（一九四四）年七月、無能と専横を極めた東條英機内閣は退陣し、小磯国昭内閣が成立します。そして、翌昭和二十年二月四日からヤルタ会談が行われ、十九日にはアメリカ軍が硫黄島に上陸します。

そんな国内外の情勢とは関係なく同月二十八日、出世は頭打ちと思われ、本人もそう思っていた池田勇人が、なんと主税局長となりました。京都帝大出身者初の主税局長であり、新聞に「仰天人事」と記事にされるほどでした。

とはいえ、もちろん同期の山際正道は総務局長、植木庚子郎は主計局長なので、池田が彼らを抜いたわけではありませんし、山際、植木、池田という序列は変わっていませんが、お話にならないほどの遅れは取り戻したと言っていいでしょう。

昭和二十年と言えば、戦争も終盤です。大蔵省は空襲を避けて都心を離れ、局ごとに建物を分散。主税局は雑司が谷の自由学園明日館に移り、池田はそこで終戦を迎えました。

終戦間近の池田は前尾繁三郎と「もし戦争に負けたら、官吏などやめてしまい、地下に潜って抵抗運動をやらなくてはならない」などと語っていたそうです。しかし、実際に天皇の終戦の詔勅が発せられると、皇居前に行き「官吏の責務を果し得なかったこと」を天皇におわび申し上げました（『随筆池田勇人』一四五、一四七頁）。


税金を集めて戦費を捻出すれば戦争に勝てると信じていた池田ですが、戦争が終わって冷静に考えると、まったくそんなことはありませんでした。

挫折、挫折、挫折……と挫折五連敗人生のあと、やっとチャンスが巡ってきたと思ったら、敗戦です。主税局長にまでなったのに、どこか残念臭が漂う池田の前半生でした。

このときの池田勇人は四十五歳。この頃は人生六十年時代ですから半生どころか、もう七割は過ぎています。これまでのところ決して順風満帆のエリート人生ではありませんでした。

しかし、必死に生きてきた池田の人生は、無駄ではありませんでした。

池田にとっても、日本にとっても。

第二章　官僚機構の頂点を極めても中間管理職

第一節　アカい思想のブラック上司ほど恐ろしい奴らはいない

日本建国以来はじめての敗戦、そして外国の軍隊に占領される、未曽有の事態となりました。

もし米軍が上陸したら、竹やりを持ってでも戦わねばならないのか……。後輩の前尾繁三郎と誓い合った池田ですが、いざ米軍がやってきたらアメリカ人相手の慰安所を作る、つまり日本女性を昨日まで鬼畜と罵ってきた相手に差し出す仕事を真っ先にやらされた、との説があります。

昭和二十（一九四五）年八月二十六日にＲＡＡ（Recreation and Amusement Association＝特殊慰安施設協会）が設立されるのですが、組織立ち上げ時の資金面での調達に大きく貢献したのが池田だというのです（岩永文夫『フーゾク進化論』平凡社、二〇〇九年、一八～二五頁）。ただ、これに池田がどこまでかかわっていたか、決定的な史料はありません。ちなみに宮澤喜一は、東久邇稔彦内閣の津島寿一蔵相の秘書官でした。宮澤は、閣議で「慰安婦対策」を講ずる必要があるということになったと回顧録に残していますが、特に池田の名前は挙げていません（『聞き書　宮澤喜一回顧録』七二頁）。

それはさておき、連合国軍最高司令官総司令部（ＧＨＱ）がやってきて日本を支配します。

敗戦の翌年一月には公職追放の嵐が吹き荒れ、それまで日本の上層部を占めていた人々が軒並み追放されていきます。大蔵省も例外ではなく、そうした運命の転変が池田の人生を変えていきます。たとえば同期のエースであった山際正道が公職追放により大蔵省事務次官から退けられています。

会社に例えると、日本国株式会社がアメリカ株式会社にＭ＆Ａされた格好です。乗り込んできたアメリカ代表のＧＨＱグループは、いわばブラック上司です。日本株式会社の上に、「ＧＨＱホールディングス」ができてしまい、完全支配されてしまいました。会社の業績を上げるために厳しいことを言うのなら、まだいいのですが、「ＧＨＱホールディングス」は、本社である株式会社アメリカ合衆国の意図をはるかに超え、日本を潰そうとしていました。

ここに池田勇人の日本国を守るための闘いがはじまるのです。

言ってしまえば、敗戦まもなくの日本政府は、首相や閣僚といえども中間管理職です。大蔵官僚もまたしかり。池田としては、せっかく頂点が見えるところまで出世したのに、敗戦で中間管理職に据え置かれたような状況です。

さて、いまだにこんな愚かな妄想を信じている人がいます。

通説　GHQは日本を民主化した解放軍である。

バカですか。

こういうことを信じている世代はまるごと墓場に行ってください。戦時中の日本政府が敵より怖い愚か者だったからといって、その敵であるアメリカ占領軍が味方のはずがありません。

だいたい、GHQの連中が日本を民主化したいなら、なぜ占領期に日本が行った議会の審議や選挙の結果を尊重しなかったのか。ある時など、GHQの押し付けてきた法案を議会が時間切れで審議未了にしたら、時計の針を巻き戻させました（物理）。そして、権力で脅して採決させました。選挙結果が自分の思い通りにならないと、勝った人物を公職追放します。一事が万事、こんな調子の連中の「民主化」など、いまだに信じている日本人がいるのに呆れかえります。

ＧＨＱの言ってた「民主化」なんて、すべて「弱体化」と言い換えても意味が通じます。ところで、最近の研究では、ＧＨＱの中にソ連のスパイが紛れ込んでいたとの研究が示されています。米英の膨大な一次史料を読むのは大変なので、優良推奨文献として、江崎道朗『日本占領と「敗戦革命」の危機』（ＰＨＰ新書、二〇一八年）をあげておきます。

ソ連とはどういう国かというと、ワルくてアブナイ連中です。どう危ないかというと、共産主義という思想を掲げていました。共産主義って何なのかというと「世界中の政府を暴力で転覆して、地球上の金持ちを皆殺しにすれば、全人類は幸せになれる」という思想です。もちろん、こんなストレートな言い方をするはずがなく、もっともらしい専門用語を並べ立ててケムに巻くのですが、こいつらの悪いところは、本当にそういう国をつくり、世界の半分にまで影響力を広げたことです。

日本はアメリカと戦って負けて国を好き放題にされましたが、そのアメリカも一枚岩ではありません。親ソ連派もいれば親日派もいました。ＧＨＱも然り。占領当初のＧＨＱは、親ソ派の思うがままとしか言いようがない状態でした。

なお、共産主義者のことを「アカ」と言います。

日本人からしたらＧＨＱなどブラック上司に他ならないのですが、頭の中身はアカなのですから、地獄のような環境です。つくづく戦争には負けたくないものですが、なまじっか出世してしまった池田は、そんな環境から逃れられません。

第二節　これは税金ではなく泥棒だ！

慰安所づくりなどは、まじめな池田の伝記には出てこない話ですが、戦後の池田の初仕事として必ず出てくるのが増税です。池田らとしては戦後補償のための案だったのですが、ＧＨＱ側は懲罰的な意図を持って課税を要求してきます。

たとえば「財産税」です。十万円（現在の貨幣価値で四百万円程度）以上の財産を持つ国民に対し、その金額に応じて課税するというものでした。皇族も例外でなく、最高で九割の財産を没収されるという悪法です。

当時、主税局長の池田は当然、憤慨しています。

財産税というものをやって日本中の金持ちから全部財産をとりあげてしまえという指令が来た。

当時私は主税局長だったので、その指令を翻訳させてみるとこれはひどい。長い間の税金とり生活でずい分乱暴もやったが、個人の財産の九割をとってしまえ、天皇も例外に非ず、などというのは世界でも聞いたことがないし、これは税金ではなくてドロボウだと思った。

ドロボウをドロボウでなくするためにその指令には「財産税法案を作成し、昭和二十年十二月三十一日までに占領軍総司令官に提出すべし」と書いてあった。それに遅れると占領軍に非協力のかどで処罰せられるべしというのであるから、牢屋に入らないためにはドロボウの法律案を作らねばならない。

池田勇人「霞が関脱出の記」（『進路』第二巻第八号）

そもそも、徴税と強盗の違いは何でしょうか。徴税とは、権力によって正当化された強盗なのです。その証拠に、『聖書』には「徴税人も天国へ行ける」などとイエス様のありがたい教えが書いてあります。庶民が汗水流して働いた金を巻き上げる点で、徴税も強盗も変わりはありません。

ただ古今東西、どこの国の為政者も、「税として集めたお金はちゃんと使わなければならない」という建前を作り、それが守られないという歴史が続き、近代になって民主主義という思想が出てきて、「税金の使い道は納税者が決めるべきだ」と言い出すようになりました。この民主主義とか選挙とか議会とかも、「国民を騙して金を巻き上げる道具」と言えなくもないのですが。

とにもかくにも、税金を巻き上げる側の為政者が民の為に使う気が無いのであれば、強盗と何も変わらないどころか、権力によって正当化されているので余計にタチが悪い。

ＧＨＱの命令を「ドロボウだ」と見抜いた池田の認識は、非常に正しいのです。

日本の近現代史においても、政府の官僚が国民の自由や財産を好き勝手に奪った時代が二回あります。

一回目は、戦時中です。支那事変から大東亜戦争の敗戦にかけて、政府とマスコミは「国家総動員体制の確立」「大東亜共栄圏の実現」を掲げ、批判する人は「聖戦を冒瀆する気か！」との同調圧力により社会から抹殺されました。では国民が必死になって戦争に協力し、政府への批判を我慢して、政府の命令に法律の根拠が怪しくても言われるがままに自由と財産を差し出した結果、どうなったか。

敗戦と焼け野原、外国軍隊による占領です。現場の軍人さんは優秀で必死に戦ったのに物資が届かずに玉砕、国民の苦労は何も報われませんでした。そもそも「大東亜共栄圏」など何の話かさっぱりわからない雲をつかむような空想ですし、「国家総動員体制」など政府が国民を黙らせる言い訳にすぎなかったのです。実際には何も実現しませんでした。

二回目は、今のコロナ禍です。政府とマスコミは「コロナとの戦争」「感染者をゼロにする為に自粛を！」などと掲げ、批判する人は「人の命を何だと思っているのか！」との同調圧力により社会から抹殺されます。では国民が必死になってコロナ対策に協力し、政府への批判を我慢して、政府の命令に法律の根拠が怪しくても言われるがままに自由と財産を差し出した結果、どうなったか。

人類の歴史に残る笑い者です。現場のお医者さんは優秀で必死に戦ったのに物資が届かずに玉砕、国民の苦労は何も報われませんでした。そもそも「コロナとの戦争」など何の話かさっぱりわからない雲をつかむような空想ですし、「感染者をゼロにする」など政府が国民を黙らせる言い訳にすぎなかったのです。実際には何も実現しませんでした。

今のほうがマシなのは、昔と違って空襲が無いことでしょうか。そして、コロナはほっとけば何年かたてば勝手に消えますが、占領軍はいまだに居座っています。

戦時中の無能な政府のおかげで、取り返しがつかない結果を招いてしまいました。

池田勇人も彼らに従ってその手足として動いていた官僚でしたが、それではいけないと気づきました。

そして、「自分が何とかしなければ」と意識していきます。

GHQは「財産税」に飽き足らず、十二月さらに戦時補償の打ち切りを決定しました。造船業や航空機産業は軍に製品を納めていたのに代金を支払ってもらえなくなったのですから大損害です。日本の軍需産業つぶしという意図もありました。

十一月には財閥解体が始まり、十二月には立て続けに指令が出ます。農地改革、国家と神道の分離、衆議院議員選挙法改正公布（大選挙区制・婦人参政権など）、労働組合法公布（団結権・団体交渉権など）、修身・日本歴史・地理の授業を停止し教科書回収です。このすべてが悪いことではないのですが、日本を弱体化させるために多くの占領政策を遂行しました。

GHQが本当の意味での民主化など考えていないのは、第二十二回総選挙直後の振る舞いを見れば一目瞭然です。

昭和二十一（一九四六）年四月十日、戦後初めての総選挙が行われました。まだ大日本帝国憲法が健在で、女性に参政権が認められた最初の選挙です。選挙では自由党が勝ち、総裁の鳩山一郎に大命降下されました。ところが、鳩山はアメリカやソ連の悪口を言ったから生意気だとして、ＧＨＱは鳩山首相を認めませんでした。妥協案として副総理なら認めてやると言ってきたらしいのですが、鳩山が受け入れなかったので五月四日、公職追放されました。

つまり、日本国民が選挙によって示した民意を、ＧＨＱが「こいつ気に入らない」という理由だけで蹴散らしたのです。こんな連中の「民主化」をありがたがっている人って、白痴と言われてもしかたがないでしょう。

第三節　第一次吉田内閣で大蔵次官

自由党総裁の鳩山が追放されてしまったので、代わりの総理総裁を立てなければいけません。鳩山は吉田茂に「総理をやってくれ」と頼みます。政権を預かってくれと言われた吉田ですが、このときはイヤイヤ引き受けています。

承諾にあたって吉田は三つの条件を出しています。

・金づくりはしない。

・閣僚の選定に（鳩山が）口を出さない。
・嫌になったらいつでも辞める。

好き勝手な条件ですが、鳩山はこの条件を呑みました。本当は「鳩山の追放が解けたら政権を返す」と誓約書に残していたらしいのですが、鳩山はその大事な紙を無くしてしまったとのことです（鳩山一郎『鳩山一郎回顧録』文藝春秋新社、一九五七年、五十五頁）。本人が言っているのだから、間違いないでしょう。

追放の嵐が大蔵省にも及んでいる中、昭和二十二年二月六日、池田は大蔵事務次官となります。

宮澤喜一によると、池田は「もともと京都大学で、ご自分で三等切符だと称して酒ばかり飲んでいたし、つき合いはうまくないし、したがって主税局の課長ぐらいだと思っていたんです。主税局というのは職人が上にあがるところですから、だんだん地方の局長ぐらいまでなって、税のエキスパートとしては行けそうだったんです。そこまででしょう、世間が見ていたのは。税のエキスパートとして局長までは行くが、次官になるとは思われなかったけれど、それは敗戦になって追放等々があったからでしょう」（『聞き書　宮澤喜一回顧録』二八頁)。

出世の遅れが幸いしました。

同期の山際が追放された後を受けて、事務次官になっていたのは山田義見でした。山田は大正十二（一九二三）年入省なので、大正十四年入省の山際や池田より先輩にあたります。

現代では、どこの省でも政治家が就く大臣は「お客さん」で、官僚のトップは事務次官です。名前は「次官」ですが、官僚機構の最高峰です。この一つしかない椅子をめぐり高級官僚は鎬《しのぎ》を削るのですが、出世争いに敗れた人たちは役所を辞めます。そして辞めていく人たちの再就職を世話する為に、天下り先が必要となります。一人辞め、二人辞め、最後に残った一人が事務次官になる時は、同期は誰もいない、もちろん先輩も一人もいないのが常です。さすがに天下り批判が強まり、再就職先が無い人は残っていますが、「年次逆転人事」は滅多に起こりません。平成二十七年、昭和五十六年入省の高綱直良警視総監の後任に昭和五十五年入省の高橋清孝警察庁警備局長が就いたときは官庁ウォッチャーの間に激震が走りましたが、それくらい珍しいことです。一般国民に何の関係もないことに血道をあげるのが、日本の高級官僚です。

戦前は官僚が大臣に就くことも多々あり、今ほどがっちりとはしていませんが、年次逆転人事は珍しいことです。

さて、池田が次官に上がった経緯です。

大蔵省では普通、主計局長が事務次官に上がります。このときも野田卯一主計局長が本命と目されていました。しかし、石橋湛山蔵相の引きで主税局長の池田が次官に抜擢されます。石橋いわく、「池田が戦後二度目の総選挙に立候補する意欲のあることを知り、箔をつけてやった」とか（『人間池田勇人』八二～八三頁）。

なんかテキトーですが、本当かなぁ……。

真面目な話をすると、石橋は政治的にも経済的にも自由主義者です。戦時中は軍や政府の弾圧に一切負けずに言論を一貫させました。今の言論界で言えば、倉山満のような人です。愛国者だからこそ、時の為政者の誤りを批判します。石橋は、軍の無能な戦争指導を批判し続けた人でもあります。当然、GHQの日本を潰そうとしているとしか思えない経済政策には、反対です。

ところで、先にGHQの「民主化」が実は「弱体化」でしかないと述べました。確かに、当初はマッカーサーも含めて日本弱体化を意図していたフシがあります。実際にやっていることは実際に弱体化につながる政策です。ただ、ＧＨＱが日本経済をとことん破壊しようとしていたのか、本当に良かれと思ってやっていたのか、実は、よくわかりません。言ってしまえば、本気で日本を潰そうとしていた本物のワルなのか、実は善意で日本の為に良かれと思ってやったことがアメリカ人の頭が悪すぎて日本を潰そうとする経済政策になったのか、よくわからないのです。これは二択ではなく、両方いると考えるのが妥当でしょう。最高司令官のダグラス・マッカーサー自体に両方の要素があり、側近たちにも両方いるので、よくわからないのです。

さらに問題は、当時の史料を読んでも「ＧＨＱがメチャクチャなことを言ってくるから、それに対処しなければならない」という日本側のボヤキしか出てきません。ＧＨＱ側がどういうつもりだったのかは今後の研究に委ねるしかありません。アメリカの公文書は膨大ですので、どなたか専門家の方にお願いしたいと思います。ここでは、とりあえずどちらでもいい。

細かい歴史学者は、ＧＨＱが意図的に悪意を持っていたか、本当のバカかを探究しようとします。それはそれで力仕事的な業績として尊敬しますが、それればかりではいけません。「細部にわたって決着をつけないと歴史を語ってはいけない」では研究が進みません。わからないものはわからないままにして次に進めないと、できる研究もできなくなります。そういう視点がなくドツボにはまって一歩も進めなくなっている歴史学者が日本には多いようです。

私は占領期の専門家でも、石橋湛山の専門家でも、池田勇人の専門家でもありませんから自由に書かせていただきます。

いずれにしても日本側からしたら、「こいつら日本を潰す気か?」としか思えない経済政策を押し付けてくるGHQに対し、石橋湛山蔵相が片腕となる次官に選んだのが池田でした。

その後の石橋と池田の関係は、政治的に異なる党派に属する時もありますが、個人的には良好です。また、石橋は池田に自由主義経済とは何かを教え込みましたから、忠実な弟子のようなものです。

池田が次官になった決定打は、「見どころがある」と思われたことでしょう。

第四節　GHQが日銀で強盗!?

GHQがどれほど横暴だったかを示すエピソードがあります。

占領費を賄うため、ＧＨＱはいつでも必要なだけの日銀券を手に入れることができました。いわば日銀は「ＧＨＱのキャッシュ・ディスペンサー」でした。

そして、昭和二十年九月三十日には前代未聞の出来事が起こります。

ＧＨＱが「検査」に来て、建物すべてを占拠し、金庫や取引口座などほとんどの機能を停止させました。日本銀行のなかに金塊があるのでは、とＧＨＱが疑った誤解による事件らしいのですが、ＧＨＱはあくまで強引に日本銀行の金庫を開けさせようとしました（山村明義『ＧＨＱの日本洗脳　70年続いた「支配システム」の呪縛から日本を解放せよ！』光文社、二〇一四年、二二四頁）。

こんな乱暴なＧＨＱに、大蔵省はのらりくらりと抵抗したので官舎を取り上げられ、旧陸軍が傷病兵の収容施設に使っていた四谷第三小学校で十年間も仕事をする羽目になりました。

逆に日銀はＧＨＱに媚びへつらうようになります。当時の日本ではたとえ一度でもＧＨＱの「脅し」に対して屈した組織や人物は、その後も、彼らに従順になっていく傾向がありました。

陸海軍はかつての敵ですから仇討ちされ、内務省はとばっちりで悪者にされ、大蔵省はなんとか生き残りました。しかし大蔵省は戦後、ＧＨＱの無茶な要求に抵抗しましたので冷遇されます。占領期においしい思いをしたのは、日銀と外務省です。

外務省には英語ができる人がそろっていますし、アメリカの意に逆らって行う外交など、当時はありえません。

なお、ＧＨＱの権力をかさに着た日銀は、大蔵省に対して威張り散らします。明治に松方正義の建議で日本銀行が設立されて以来、日銀は大蔵省の「植民地」のようなものでした。植民地で悪ければ「子会社」です。日銀としては大蔵省に対し、「独立戦争」に成功したような格好です。昭和二十一（一九四六）年六月一日から同二十九年十二月十日まで、つまり占領期のほとんどとその後の吉田茂内閣が退陣するまで総裁の座にあった一万田尚登は、「法王」と言われました。日銀はローマ法王庁にたとえられ、歴代蔵相は就任したら真っ先に一万田に挨拶に行かねばならなかったとか。

一万田は、池田や大蔵省とは犬猿の仲になります。なお、一万田は第五高等学校で池田の六年先輩です。

第五節　石橋湛山、バカに「バカ」と言って追放される

ＧＨＱはソ連のスパイの巣窟でした。そこで「えっ、何を言ってるの？」と思った人は前出の江崎道朗先生の本を読んでください。特に『コミンテルンの謀略と日本の敗戦』『日本占領と「敗戦革命」の危機』（いずれもＰＨＰ新書、順番に二〇一七年、二〇一八年）が初学者にはお薦めです。いかにソ連の工作が巧妙で、日本もアメリカもいいように操られていたかが、よくわかります。

しかし、ＧＨＱの全員がスパイだったわけではありません。当時の石橋としては、誰がスパイなどということはわからないので、「経済のわからない連中」として対処します。バカなのかスパイなのかはともかく、とうてい経済学を理解しているとはとても思えないＧＨＱの経済政策に、石橋は抵抗しました。事あるごとに自由主義経済の論陣を張ります。

きっとソ連のスパイは思ったことでしょう。

「むむむ、なかなか手強いヤツがいる。こいつわかってるな」

問題は、むしろスパイではないタダのバカのほうです。石橋はバカにバカと言ってしまったのです。人間、本当のことを言われたときに最も傷つくもので、彼らは逆ギレして怒り狂いました。「石橋なんか邪魔だ！」と石橋を排除しようとします。ソ連のスパイにとっては、自らの手を汚さなくてもバカが石橋を消してくれるのですから、ありがたい限りです。

つまり、誰がスパイであったかなど、どうでもいい。

石橋はちゃんとした経済学を学んだ人でした。「ちゃんとした」を強調するのは、当時の経済学は現在以上におかしかったからです。

経済学の流派は大きくアダム・スミスに発する古典派の流れを汲む新古典派経済学、マルクス経済学、ケインズ経済学の三つに分かれます。もっとも古典派とケインズ派は財政と金融のどちらに重点を置くか程度の差であって、本質的な違いはあまりなく、マルクス経済学だけが極端に独特です。なにせ人殺しが前提ですから。

石橋は学界に先立ってケインズ理論に注目し、その理論を実践した最初の大蔵大臣でした（増田弘『石橋湛山　占領政策への抵抗』草思社、一九八八年）。石橋は早稲田大学文学部哲学科出身であり、経済学は独学です。東洋経済新報社の記者となり、戦後政界入りし、第一次吉田内閣の蔵相となりました（石橋湛山『湛山回想』岩波文庫、一九八五年）。

石橋は後世、正しく評価されているとはいえません。昭和の大恐慌のとき、石橋が唱え、高橋是清蔵相が実行した政策によって、日本が世界で一番早く不況から脱することができたにもかかわらず、その政策が結局はインフレと戦争を招いたなどとされています。

石橋は経済の発展あってこそ健全な民主主義が育つと考えていました。逆に不況が反自由主義、反民主主義を拡大させると指摘しました。民主主義の理念だけでなく、経済発展により仕事を増やすことが民主主義をゆるぎないものとするのだと主張します（原田泰・和田みき子『石橋湛山の経済政策思想　経済分析の帰結としての自由主義、民主主義、平和主義』日本評論社、二〇二一年、二一一～二一二頁）。

日本を弱体化させたいGHQと、日本を経済的に立て直し、自由で豊かな国にしようとする石橋とが、意見が合うはずがありません。事あるごとに対立しました。

それまでの池田は税制の専門家であって、経済の専門家ではありませんでしたが、石橋大蔵大臣の下で次官になり、その薫陶を受けることとなります。税という狭い視点ではなく、経済全体を見る広い視野を持ちました。

のちに石橋は「池田君は外交政策では吉田さんの弟子だが、こと経済政策では完全に私の弟子である。石橋内閣のときの『一千億減税、一千億施策』のキャッチ・フレーズも、二人だけのあうんの呼吸で作り上げたものだし、彼の『所得倍増政策』なども、石橋流の考え方を拡大発展させたものだった」と述べています（松浦周太郎・志賀健次郎『池田勇人先生を偲ぶ』一九六七年、一七頁）。

石橋の奮闘もむなしく、吉田茂内閣は思うことはできず――それどころか、日本国憲法の制定など訳のわからないことばかり押し付けられて、政権運営に苦労しました。経済では、石橋が経済成長を目指しているのにGHQはデフレ政策を押し付けてくるなど、頭を抱えるしかありません。

日本国憲法下で最初の総選挙が昭和二十二（一九四七）年四月二十五日に行われました。ここで社会党が第一党になります。敗れた吉田は潔く下野し、社会党委員長の片山哲を首班とする連立内閣が成立しました。社会党だけでは衆議院の過半数に足りないので、民主党と国民協同党にも協力を求めました。

そして五月、日本国憲法施行の二週間後に石橋が公職追放となります。GHQのわからず屋に抵抗した石橋は、とうとう更迭されてしまいました。なお、五月三日が日本国憲法施行ですが、「ゴミの日」と覚えましょう。

追放されたのは五月ですが、GHQ民政局は準備を三月ごろから進め、戦前の『東洋経済新報』の検閲を受けた社説を曲解して追放に結びつけました。吉田は石橋追放に関する情報を得ていましたが、石橋には伝えず、阻止することもなく、ただ傍観していたとのこと（『石橋湛山の経済政策思想』四二一頁）。

なぜ吉田がこんな意地悪をしたのか。吉田は歴史教科書では偉人の如く描かれていますが、性格は最悪です。言うなれば「ちゃんとした実績のある菅直人」といった感じです。人の好き嫌いは激しいし、すぐキレるし、感情的に政治を動かす悪い癖がありました。吉田は自分で大臣に登用しながら、石橋のことが嫌いになったようです。

次官の池田は追放されないようにご機嫌取りしながら、日本が滅びないように日々交渉を続けていくしかありません。

そして、同月二十四日、吉田内閣が下野して片山社会党内閣が正式に誕生しました。

第六節　池田、政治家に転身

スミス、ケインズ、マルクスの三大学派の中で、日本での主流はマルクス主義経済学です。略して、マル経。

マル経が正しいとされる時代に、マルクスに近い社会主義者たちの政権ができてしまいました。池田は片山政権下でも事務次官であり続けます。

七月には公正取引委員会が発足し、三井物産、三菱商事が解体されます。十月、改正刑法公布により不敬罪・姦通罪が廃止となります。十二月には改正民法公布、家制度が廃止されました。また同月、内務省が解体されました。特に財閥解体と公正取引委員会は日本弱体化の動きとしてとらえておく必要があります。

確かに富を独占した財閥の解体は「民主化」の美名で喧伝され、国民に好評でした。戦前戦中と庶民が貧しい暮らしを強いられている時、明らかに特権階級である金持ちが優雅に暮らしていた恨みは忘れられません。財閥の番頭の別荘が、今は箱根あたりで一流ホテルになっていたりします。どんな暮らしだか。

特定の企業が富を独占したら経済は発展しない、経済学の原理ではその通りです。ただ、「社会は教科書の原理通りにはいかない」と、まともなエコノミストは唱えています。池田は苦慮しますが、拒否権はありません。

ところで社会党は結党当初から左右の対立があり、案の定、政権は内ゲバによって倒れます。そして、昭和二十三（一九四八）年三月十日、民主党・社会党・国民協同党の連立による芦田均内閣が成立します。

その翌日、池田は大蔵省を退官しました。ただひたすら占領軍に振り回された大蔵次官時代でした。特に、経済安定本部との関係は緊張しました。その総務長官は、片山内閣では和田博雄。著名なマル経学者です。芦田内閣では、栗栖《くるす》赳夫《たけお》蔵相が横滑り。大蔵省から主計局を取り上げようとするわ、社会主義的な統制経済を実行しようとするわ、池田ら大蔵省は対応に振り回されました。

この対立は深刻で、芦田内閣退陣の原因となった昭和電工疑獄で逮捕者まで出ます。来栖や、池田次官の下で主計局長をしていた福田赳夫は、哀れ逮捕されてしまいます。いずれも後に無罪となりますが、この時はGHQ内でも派閥抗争があり、栗栖や福田は流れ弾に当たったようなものでした。池田からしたら上司と部下が逮捕された格好ですが、本人はうまく逃げおおせます。とはいうものの、結果論ですが。

池田の頭痛の種はもう一つ、日本銀行でした。

日銀は、民間企業に直接融資するなど、権勢を誇ります。政治家を通じて大蔵省から補助金をもらうよりも、日銀に詣でたほうが得になります。「一万田法王」の権勢、絶頂期です。池田と一万田は長く抗争することとなります。

ちなみにですが、私の手元に三鬼陽之助『政界金づる物語』（実業之日本社、一九五九年）という〝怪書〟があります。三鬼は三木武夫の親友のジャーナリスト。題名の通り、当時の自民党実力者の資金源を解説しています。半分怪文書みたいな本ですが、使い方次第では有益な本です。

ここで三鬼は、「日銀の一万田は健全財政」「大蔵の池田は積極財政」と当たり前過ぎる事実として記しています（同、二〇六頁）。

政策においても両者は対立しますが、あらゆる面で抗争したとか。たとえば、長期信用銀行の頭取人事のような、およそ国の行く末と関係がないことでもツノ突き合わせるほど険悪です。

池田としては、あまり愉快ではない次官時代でした。池田も芦田内閣まで大蔵省に残っていたら、福田のように逮捕されたかもしれません。

ちなみに池田の後釜の大蔵次官には、野田卯一が就きました。

三月十五日、吉田茂を総裁とする民主自由党が結成され、大蔵省を辞めたばかりの池田はさっそく広島支部長に就任しています。

野に下ったとはいえ民自党は野党第一党。吉田茂は復活をたくらんでいます。もともと外務官僚であり、政治家ではなかった吉田は党内基盤が弱いので、自分の手足となる人材を高級官僚に求めました。

吉田は党人政治家を信用していません。頭が悪い無能者集団と思っています。気概もないくせに、政策能力もない。戦時中は軍に媚びへつらったヤツらだ。占領下でも邪魔しかしないだろう。政治を任せられるのは、やっぱり官僚しかいない。

こう考えた吉田は目をつけた高級官僚に声をかけて引っ張り、自分の藩屏《はんぺい》として代議士に当選させていくのです。この側近グループは「吉田学校」などと呼ばれます。

佐藤栄作や前尾繁三郎などもその部類ですが、吉田学校の筆頭が池田勇人です。

第七節　昭電疑獄で吉田が政権に返り咲き

六月、昭和電工社長らが贈賄容疑で留置されます。九月には栗栖経済安定本部長官、十月には西尾末広副総理が逮捕されます。

この昭電疑獄の発覚によって、十月七日に芦田内閣が総辞職します。

昭電疑獄はＧＨＱの派閥抗争のおまけで日本の政治が動いた例です。ＧＨＱの中には様々な部局がありますが、初期占領政策の中核を担ったのは民政局（Government Section：ＧＳ）でした。民政局はニューディーラーと呼ばれる社会主義者の巣窟で、財閥解体など日本弱体化政策を推進した人たちです。

教科書には載っていないので一般的に知られているとは言えませんが、最新の研究成果というわけでもなく、吉田茂の回顧録にも書かれているほど古くから明らかな事実です。

> 民政局を始め、一体に参謀部以外の部局の比較的若い職員の間に、いわゆるニューディーラーと呼ばれる革新分子が、特に占領の初期の頃に多く入り込んできていた形跡があった。……彼等が日頃抱懐する進歩的な革新論を実行してみる試験場として、占領中の日本を利用した傾きがあったのである。中には可成り過激な分子もおったようで、……わが国の左翼の連中とも往来し、甚しきに至っては、これらを利用し、且つ煽動したことさえあったと聞いている。しかも、こうしたニューディーラーの連中は、その後次第に本国に帰還を命ぜられ、そのうちのある者は帰米後に、「赤い」という理由で、非米活動委員会の査問に附せられるに至ったということさえ伝えられた。
> （吉田茂『回想十年』中公文庫、一九九八年、二〇一四年改版、上巻一三一頁。初版は『回想十年』全四巻、新潮社、一九五七～八年）

しかし、この頃からＧＨＱ内部にも何かおかしいと考える人々も出てきます。諜報などを担当する参謀第二部（Ｇ２）です。こちらはいわゆる保守派で、民政局と対立します。民政局は従順な片山内閣社会党政権を後押ししており、なにかと楯突く吉田らのことはよく思っていません。しかし、GHQが内紛を起こし、G2が民政局に勝利します。

昭電疑獄は、そんな時期の一幕でした。

吉田としては選挙で勝って政権を取り戻そうとしていたのですが、昭電疑獄があったものですから野党第一党の民自党が政権につき、十月十五日に第二次吉田内閣がスタートします。

吉田は政党政治家をバカにして政治素人よばわりしていましたが、言っている本人は二回目の総理なのに組閣もロクにできません。

大蔵大臣という重職を、かなりテキトーに決めています。与党民自党幹事長の広川弘禅によると「そのころは序列はぜんぜん考えないですから、みんなむちゃやったんです。どうせみんな戦後出たやつだから、わかんないんですよ。いちばん苦労したのは大蔵大臣だが」です。履歴書を見て三井関係者とあるので一年生議員だったにも関わらず泉山三六を拾い上げたと言います。しかし「あとで聞いたら、あれは三井の宴会係なんだよ。大笑いだよ。経済閣僚にはほんとに苦労した」とのことです（升味準之輔『日本政治史4』東京大学出版会、一九八八年、一八三～一八四頁）。

この人事には泉山本人も驚いたようです。

泉山が荻外荘（吉田邸）に呼ばれて行きましたが、初対面の吉田はニコニコして、これという話もありません。官房長官予定者の佐藤栄作が「内閣はアナタを中心にやりたいと、吉田さんは言っておられる」と耳打ちしたので、内閣の政策審議会の仕事をするのかと思って、翌日党本部へ行くと、広川から「大蔵だ」といわれます。大蔵政務次官らしいと思っていたら、夜になってから大蔵大臣であることがわかりました（泉山三六『トラ大臣になるまで』東方書院、一九五三年、一六三～一六八頁）。

本人も周りもびっくりのトンデモ人事でした。

この泉山は案の定、調子に乗って、十二月に泥酔状態で衆議院予算委員会に出席した上、酔っぱらった状態で食堂で民主党の山下春江議員に抱きついてキスを迫り、拒否されてアゴに噛みつくという事件を起こします。廊下でも社会党の松尾トシ子議員の手を握っていたそうです。「トラ大臣接吻」と新聞に書かれてクビです。

ちなみに泉山に代わって大蔵大臣となったのは大屋晋三です。若い人にはわからないかもしれませんが、派手な服装とぶっ飛んだキャラで人気を集めた大屋政子の旦那で、「おとうちゃん」と言われていた人です。会社の経営者でした。

第八節　元徴税の鬼の池田、総選挙で減税を主張する

少数与党で出発した第二次吉田内閣は安定性に欠けるため、吉田は年末に衆議院を解散し、翌昭和二十四（一九四九）年一月二十三日、第二十四回総選挙を行います。

選挙演説で池田は減税を訴えます。かつては徴税の鬼でしたが、別人のようです。

選挙のときに「減税」を訴えるのは常套手段ではあるのですが、敗戦後、国民生活が苦しい中での「減税」は人気取りばかりではありません。生きるか死ぬかの重大事です。

ＧＨＱとしては日本統治がうまくいくことが大事です。財源を確保し、国を機能させる。その過程で日本国民が何人餓死しようが構わない。ただ、本当に餓死者が多く出るようなことがあれば、統治に失敗したと本国や諸外国から思われるので、それは避けたい。つまり、一定の体裁さえ取り繕えば、日本人の生活などどうでもいいのです。

現代の財務省は健全財政を掲げて、「借金するな～」「税金払え～」ですが、日本人の生活を顧みないＧＨＱとやっていることがそっくりです。いったいどこの国の人なのでしょうか。というか、いつのまにオツムが劣化したのやら。

それに対して池田は石橋湛山の考え方を引き継ぎ、国民の活力こそが大事なのだという

信念で政策を訴えます。そして第一回の当選を果たすのです。池田の政治家人生はこのようにしてはじまりました。以後、死ぬまで連続七回、トップ当選を続けました。

選挙の結果、民自党は大勝します。民自二六四、民主六九、社会四八、共産三五、国協一四です。片山内閣で与党だった、社会・民主・国協は大敗。吉田は民自党を率いて、やりたいことができる状態です。占領軍との関係も、民政局の連中が本国に召還され、情報部の軍人たちと良好な関係を築きます。

組閣に当たって、吉田は大蔵大臣の人選について日清紡元会長の宮嶋清次郎に相談しました。宮嶋の意中の人は追放中で起用できません。困った宮嶋は腹心の桜田武（日経連会長）に相談し、桜田が池田を推しました（『池田勇人とその時代』一九頁）。つまり財界の支援で、当選一回の池田が大蔵大臣となったのです。

なお、あたかも田中角栄が池田を大蔵大臣にしたかのように描く『小説吉田学校』というデマ小説がありますが、信じないでください。

ところで、官僚とは与えられた目的に向かってがんばるのが仕事です。そして大蔵省の目的は税金を取ることです。それは今も昔も基本的に変わりません。大蔵官僚時代の池田はあくまで官僚でした。

現在、新型インフルエンザ等対策閣僚会議新型インフルエンザ等対策有識者会議会長兼新型コロナウイルス感染症対策分科会長（長い肩書ですが、とにかくコロナ対策関連の一番えらい人）の尾身茂とその取り巻きは感染者を減らすことに血道をあげていて、そのためにすべてを犠牲にしてもよいという姿勢です。しかし、実際に感染者を減らしたら優秀なのでしょうか。尾身氏の頭の中ではそうなのでしょう。感染者を減らすという目的を与えられたら、一人でも減らしたら優秀。それ以外の価値観はない。これが官僚です。

池田勇人が悪い意味での官僚ではなくなる瞬間が敗戦でした。しかし、敗戦後も立場としては官僚です。しかもアメリカから派遣されてきたGHQというブラック上司と日本の国益との板挟みです。中間管理職としての悲哀を味わいます。首相や閣僚ですらGHQに表立って楯突けないのですから、大蔵次官とはいえ、一官僚にすぎない池田の裁量のおよぶ範囲はわずかでした。

そして、大蔵省を退官し、名実ともに官僚でなくなった池田は政治家として目的を考える側に回っていくのです。

ブラック上司と直接交渉できる立場に立ちました。

ところで池田は、政治家になる直前、生涯の腹心と出会います。伊藤昌哉、通称「ブーちゃん」です。伊藤は西日本新聞記者で、選挙立候補中の池田の家に押し掛けて取材したのが初対面でした。

伊藤は池田が死ぬまで仕え、『池田勇人その生と死』を貴重な記録として残しています。満洲生まれの愛国者、金光教の熱心な信者です。

その後は東急の重役をしていましたが、大平正芳が政権を奪取する過程で工作員として呼び戻され、影の側近として大平が死ぬまで仕えます。

死後は、大平視点で三角大福中（他に三木武夫、田中角栄、福田赳夫、中曽根康弘）の派閥抗争を回顧した『自民党戦国史』が二十万部のベストセラーとなり、政治評論家として活躍します。この本では、随所で金光教の信仰に基づいた、オカルトめいた評論が飛び出します。

政治評論家としては、誰もが予想できなかった自民党の政権失陥を予言したことで知られます。子供が見てはいけない『トゥナイト』という深夜番組で何か事件があると呼ばれる役回りでした。

番組中に突然、「自民党は第十五代総裁宮澤喜一で終わりだ！」と断言、あまりにも唐

突な断言に仰天した司会者が「どうしてそうなるんですか?」と当然の質問をすると、

「足利も徳川も十五代で終わった!　だから自民党も十五代で終わりだ!」

と自信満々に解説。

当時、大学生の私は「何を言っているんだ、この耄碌じいさんは?」と呆れましたが、ブーちゃんの予言は的中しました。

根拠はよくわかりませんが、霊感じみた能力を持っていた人でした。

第三章　大臣になっても中間管理職

第一節　池田と佐藤は対等のライバルではない

池田勇人は衆議院当選一回で、大蔵大臣。破格の大出世です。

ここで通説です。

通説

吉田茂は高級官僚出身者をスカウトして育成し、「吉田学校」と呼ばれる勢力を築いた。特に、将来の総理大臣候補の双璧として池田勇人と佐藤栄作の二人を重用した。池田と佐藤は吉田の期待に応え、相次いで総理大臣に就任し、自民党保守政治の黄金時代を築く。

吉田は長期政権の間に、憲法遵守・軽武装・経済成長優先を基軸とする「吉田ドクトリン」を確立し、池田と佐藤はその忠実な後継者となった。

これを「保守本流史観」と言います。

吉田茂の派閥を継いだ池田勇人と佐藤栄作が長期政権を築き、その後も池田や佐藤に連なる人たちが自民党の主流を形成したので、自らを「保守本流」と称しました。そうした人々を正当化する歴史観が、この通説です。

この通説の中で本当なのは、「吉田茂は高級官僚出身者をスカウトして育成し、『吉田学校』と呼ばれる勢力を築いた」と、「池田と佐藤は吉田の期待に応え、相次いで総理大臣に就任し」の部分だけです。かろうじて「自民党保守政治の黄金時代を築く」までは、嘘ではないと認めてよいでしょうか。

あとはすべてデタラメですので、本書で全否定していきます。

まず「吉田ドクトリン」という言葉は、吉田の死後のはるか後年に成立した言葉です。初出は、永井陽之助『現代と戦略』（文芸春秋、一九八五年）です。「吉田ドクトリン」は、永井という政治学者~~を気取るオッサン~~と目される批評家の造語です。床屋談議レベルの。コイツの言うことに何の実証性もありません。

その証拠に、吉田が生前に「吉田ドクトリン」という言葉を用いたことはありません。吉田がやったことを、永井が勝手に「吉田ドクトリン」と名付けただけです。百歩譲って名前など後からつけても良いだろうと思うかもしれません。では、「ドクトリン」と言うからには、吉田が「永久にこれを続けるべきだ」と考えて、憲法遵守だの軽武装だのをやったのか。どこにも、そんな証拠はありません。本章で縷々詳述するように、「一時しのぎ」との意識はありますが。

吉田や池田が、「日本は永久にマトモな軍隊を持たない、アメリカに守ってもらう国でいればいいんだ」と思っていたなどという事実誤認をしていると、現代の我々の立ち位置すら間違えてしまいます。

ここで重要なのが、いつも一括りにされる佐藤栄作です。この人への評価も随分といい加減ですが、その第一歩が「池田と佐藤は対等だった」という歴史歪曲です。何の話でしょうか。

吉田の長女が佐藤の従兄弟と結婚しているなど、吉田からすると縁戚関係にある佐藤ですが、政治的には池田のほうがはるかに高く評価されています。

池田は、第三次吉田内閣の大蔵大臣です。この内閣の至上命題は、日本の独立回復です。吉田は自ら外相を兼任し、外交に専念しました。その間、池田は常に蔵相に留任していました。つまり、内政を池田に一任しています。実際には池田は、内政の要である経済復興だけでなく、戦後日本の運命を決める重要な決定に関与していくことになるのですが。

吉田は『日本を決定した百年』（日本経済新聞社、一九六七年）で、池田を高く評価しています。

一方の佐藤は代議士当選以前から官房長官に登用されましたが、無能と評判でした。現代で言えば加藤勝信みたいなものです。それでも吉田は第三次内閣で政調会長に回します。日本の政党では、党の意思決定を仕切る総務会長、選挙を司る幹事長、政策を切り盛りする政調会長が「党三役」と言われます。この頃の政党では、政調会長は党三役の中で最も格下です。官房長官として無能だった佐藤を吉田が他の政治家より可愛がったのは確かですが、池田とは比較になりません。その後の佐藤は幹事長になりますが、選挙を取り仕切った訳でもありません。佐藤は第三次吉田内閣の後半にやっと電気通信大臣兼郵政大臣に就任しています。大蔵大臣からしたら、はるかに格下です。

池田と佐藤を同格とするのは、記憶改ざんとしか言いようがありません。確かにその後の池田と佐藤は鎬を削るライバルになるので多くの当事者が「あの二人は最初からライバルだった」と思い込むのですが、歴史はその時点での史料に基づいて記述しなければ不正確になります。政界入りの最初は佐藤が先行したけど池田があっという間に追い抜き、さらに佐藤が猛追して対等に並んだ、というのが実態です。

そして、吉田・池田と佐藤の間には、政治路線において決定的な溝があるのですが、それは後の話で。

第二節　一ドル三六〇円は池田の巧妙な仕掛け

敗戦日本は国土を焼き尽くされ廃墟です。モノがありません。だから物価は上がり、お金の価値は下がります。インフレ、それも悪性インフレです。

昭和二十三（一九四八）年十二月、インフレーションをおさえ経済を安定させるため、アメリカは日本政府に経済安定九原則の実行を要求しました。予算の均衡、徴税の強化、資金貸出制限、賃金安定、物価統制、貿易改善、物資割当改善、増産、食糧集荷改善の九項目です。経済が分かる人なら、見ただけで失神したくなるような文字が羅列されています。国民が経済で苦しんでいる時に「徴税の強化」だの「資金貸出制限」だの、「殺す気か?」と疑いたくなります。これを実施する為、GHQはデトロイト銀行頭取ジョセフ・ドッジを招きました。

三月、池田は来日したドッジと、予算編成をめぐる交渉を行います。しかし当然の如く、減税は認められませんでした。「超」がつく均衡予算と単一為替レートの設定など一連の施策を強制されます。ドッジ・ラインです。

教科書の記述では、ドッジや続いてやってくるカール・シャウプなどを、さも日本経済復興の偉人の如く描いています。頭がおかしいか奴隷根性の持ち主としか言いようがありません。確かにドッジやシャウプは、占領期前半の日本経済そのものを破壊しようとしたソ連のスパイどものような悪質さはありません。しかし彼らは、ことさら悪人ではありませんが、日本の事情をよく理解していたとはいえません。つまり、「アカ去りてバカ来たる」です。

しかもドッジは国民から支持された民自党の公約である減税を、超均衡財政と言われるドッジ・ラインでひっくり返しました。日本民主化はどこへ行ったのか？

ドッジいわく「日本の経済は両足を地につけておらず、竹馬に乗っているようなものである。竹馬の片足は米国の援助であり、もう片方は国内的な補助金の仕組みである。竹馬の足はあまり高くしすぎると、転んで首を折る危険がある」と。

偉そうなことを言っていますが、戦後の悪性インフレはアメリカのせいです。以下、原田泰、和田みき子『石橋湛山の経済政策思想』（八二～八九頁）によりながら説明します。なお、原田先生の御著書では「インフレ」という言葉を使っていますが、わかりやすく俗語で「悪性インフレ」と言い直して解説します。

そもそも、戦後に悪性インフレが起きるのは、国民と産業が疲弊して生産力が低下しているため、税収がない政府が紙幣を刷って、戦時に約束した支払いと戦後に必要になる支払いに充てるからでした。

経済に関して池田の師匠とも言える石橋湛山は悪性インフレを抑えるには需要の抑圧ではなく、供給を増やすべきだと考えていました。しかし、アメリカは日本に原材料の輸入を禁止し、重化学工業の生産設備を封印し、賠償として撤去しようとしていました。日本は生産力を上げるに上げられなかったのです。

戦前・戦中、アメリカが日本に経済封鎖を行ったのは「敵」だからですが、占領してからも封鎖を続けたのは日本の工業力を復活させないための懲罰的措置です。

その後、米ソ対立が顕著になるにつれ、アメリカの対日政策が変化します。日本を復活させて自由世界の一員に育てようとしました。当然、占領軍は日本経済の復興・自立化を促す政策をとりはじめます。具体的には、不合理な統制や輸入制限の廃止です。これが実現するに応じて、物価は落ち着いていきました。

つまり石橋の考え方は正しかったのです。悪性インフレそのものが石橋のせいであるかのように言われることがありますが、不当な評価にもほどがあります。

池田は選挙で減税を唱えて当選してきて、減税をやる気満々なのに、ブラック上司が「減税なんかやるな～」と命令してくる。今や池田は減税を撤回するばかりか、それを説得して回らなければなりません。当然、党内外から突き上げられます。大臣になっても中間管理職の悲哀をなめています。

池田はブラック上司の言い分を聞き、ひたすら平身低頭土下座する毎日の中、一つだけ要求を通しました。それが、「一ドル＝三六〇円」の単一為替レートです。

このレートについては、円安のレートが定着したために日本の輸出が伸びたのだという説がある一方で、いや、それでも当初は円高レートだったなど、調べれば調べるほどいろいろな説が出てきてよくわかりません。結局、謎です。むしろ、真相がわからないこと自体が池田の隠蔽工作がうまくいった証拠です。池田が、ひたすら頭の悪いブラック上司に頭を下げ続け、国内を押さえる気の毒な中間管理職を務めるのも、後で総取りの仕掛けをするためでした。

ときには重要事項があたかも重要ではないかのようにスルーされ続けることが大事なのです。サラリーマン、特に管理職経験のある人はわかるでしょう。光が当たった瞬間にひっくり返されるので、最も大事な問題は争点にさせない手口です。誰もが重要さに気づかず他に目がいっている。そのことによって仕掛けは生きるのです。

当時は、「一ドル三百円くらいが適当だけど、円は丸いから三六〇度ということで三六〇円で」みたいなテキトーな話ですまされました。

第三節　頭が悪すぎるアメリカ人に頭を痛める

四月二十日、超均衡予算が成立します。「そんなことをしたら、ますますインフレになるのではないか」との反論に対して、池田はインフレにはならない、物価は上昇しているが大きく上昇しなくなるとの意味で「ディスインフレ」と言い返します。

そのため「ディスインフレ」などと渾名をつけられてしまいます。とはいえ、出どころは宮澤喜一の「うちの親分は、なんでもパアパアと言い過ぎる。さしずめ、〝ディスインテリ（知的ではない）蔵相〟といったところか」のようです（『池田勇人ニッポンを創った男』八七頁）。

池田としては、本当は民需拡大政策を取りたいのですが、しかたなく「とにかくインフレを抑える」という建前で緊縮予算を組まされていました。しかし、一万田尚登日銀総裁は喜んで「ディスインフレ政策」を進めました。GHQに面従腹背の池田に対し、媚びへつらって権勢を誇る一万田。池田と犬猿の仲の一万田は、あざ笑うかのようです。

池田と大蔵省にとって腹立たしいことに、昭和二十四年六月にGHQの指令で日本銀行法の一部が改正されます。日本銀行に多数決によって政策を決める合議制の政策委員会を設置します。改正前の日本銀行法は「戦争中の42（昭和十七）年にナチス・ドイツの中央銀行法を参考にして改正された戦時統制色の強い法律で、政府は日本銀行に対して政策指示権と総裁罷免権を持ち、公定歩合変更の認可権を持ってい」ました（鈴木淑夫『試練と挑戦の戦後金融経済史』岩波書店、二〇一六年、九頁）。これ、「民主化されてよかったね♡」的な文脈で書かれているのですが、「多数決」とは形ばかり。イエスマンしか委員に呼びませんから、事実上、総裁の独裁です。そのため、「スリーピングボード」と長らく批判されました。この法律の目的は民主化の建前のもと、大蔵省の介入を排除することでした。一万田総裁は金融政策の運営方針などについて、政府を通さず、直接GHQと交渉していました（同、一〇頁）。それで、このような指令を出してもらえたのです。

ドッジに続いてコロンビア大学で税制を専門とするシャウプを団長とする税制使節団が来日し、八月末に税制改革勧告案（シャウプ勧告）を出してきます。

池田の評価は「取引高税の廃止、所得税の軽減、再評価の実施、法人の超過所得税の撤廃、富裕税の新設、その他いろいろあるが、日本を知らぬ外国人のした仕事としては、まずまず及第であったといえる。……問題の取引高税をやめ、所得税を軽減したことは満足というべきで、これで実質的に千億円の減税ができる結果になった。難をいえば、所得税の最高税率を所得三十万円のところにおいたことはなんとしても納得できなかった」だそうです。納得できなかった池田はシャウプが帰った後、最高税率を所得五十万円を超えるところからに修正しています（池田勇人『均衡財政』実業之日本社、一九五二年、二五九～二六〇頁）。

池田がブラック上司に苦しめられている頃、吉田はひたすら外交交渉を進めていました。というか、努力はしているのですが、実はまったく進んでいません。

アメリカはソ連が最大最悪の敵だということに、いいかげん気づきはじめます。戦後、敵になったのではなく、実はもっと昔から、本当の敵は日本ではなかったことにも。そのため日本を破壊しようという初期の占領政策は、すでに実質的に転換しはじめていました。しかし敵の動きは、はるかに速かった。昭和二十四（一九四九）年十月一日、中華人民共和国が成立します。大陸は中共のものになってしまいました。ソ連は敵、中華人民共和国も敵です。日本軍を解体してしまったので、米軍が日本を守らなければなりません。日本から軍隊をなくしたアメリカ自身が、この頃になって、だんだん青ざめてきます。

さらにGHQの初期占領政策が民政局主導であったことは前述のとおりですが、彼らは戦前に弾圧されていた共産主義者を解放したばかりか、大きく育て上げました。

今や共産党や社会党左派ばかりでなく、マスコミやアカデミズムも真っ赤っかです。彼ら左翼の主張は「すべての国と講和できなければ、講和などすべきではない。そのためには日本の独立が遅れてもかまわない」。つまり、「いつまでも日本を独立させない」が言論界の主流を占めていたのです。あの人たち、自分が何を言っているかわかっていたのでしょうか。当時の左翼の人たちがどれくらい狂っていたか詳しくは、小著『保守とネトウヨの近現代史』（扶桑社、二〇二〇年）をどうぞ。

吉田は国内の敵と対決しつつ、頭が悪いアメリカ人を説得しなければなりませんでした。

第四節　吉田が池田に与えた密命

このような狂った時代の中では、内政一致も外交交渉も、なかなかうまくいくはずがありません。経済・財政状況も池田が苦労しているにもかかわらず、思うにまかせず好転しない。そういった中で一時的に通産大臣を兼任していた池田は、記者会見で失言をしてしまいます。

記者会見なので正確な記録は残っていないのですが、新聞記者の土師二三生『人間池田勇人』（九頁）から引用します。

速記によると、

「このところ、税金の取り立てや、滞貨の激増などで、中小企業は四苦八苦しているようですが、大蔵大臣はどうされるつもりですか」

「五人や十人の業者が倒産し、自殺しても、それはやむをえぬでしょう。ドッジ・ラインという大きな政策転換の前にはいたしかたがない。今後、物が安くなっていくから、今までのように安易に儲かるということはなくなりましょうが、私は死ななければならない問題だとは考えませんね。中小企業の問題は、いちどは越えなければならん関門です。十月ごろまでには、中小企業の整理が一段落すると思いますが、じたばたする人間がすくなくてすむように、いろいろな施策をやっていかねばならんと思いますね」

これが翌日の朝刊で報道され、野党から批判を浴びました。

報道では、「中小企業が倒産しても大したことはない」と失言したとされ、池田は四月十日に通産大臣を辞任します。しかし、失脚したわけではありません。兼任を解かれましたが、まだ大蔵大臣です。

そして、同月二十五日にアメリカに出張します。表向きは『「アメリカの財政経済事情視察のため」で、新聞などには「一国の大臣が納税者の金を使って見学とは何事だ」と非難されましたが、実は吉田の密使として講和を進めるために派遣されたのです。

当時、アメリカでは日本の独立を巡って陸軍省と国務省が対立していました。国務省は「日本を早く独立させないと、ソ連になびいてしまうぞ」と主張しますが、陸軍省は「日本を独立させたら誰が守るんだ。ソ連が攻めてくるぞ」と反論し、まとまりません。

占領国であるアメリカ国内で意見が対立している以上、どうにもなりません。どちらかと言えば陸軍的発想「みすみす空き巣をつくってソ連が入ってきたらどうするの」が優勢でした。それでアメリカ側からは言えない安保条約の発想を日本側から提案することを吉田は考えたのです（『聞き書 宮澤喜一回顧録』一四二頁）。

このあたりの歴史を映画版『小説吉田学校』が、信憑性はともかく、面白おかしく再現しています。吉田（演・森繁久彌）と池田（演・高橋悦史）の会話です。

吉田　対日講和について話をしてくるのが、君の今度の渡米の目的だ。

池田　ドッジ・ラインの交渉では？

吉田　いや、公式にはあくまでそうしておかねばならん。

しかし、それはつけたりのことだ。

……しばし、間……

吉田　いいかね。わかったかね。池田君、対日講和だ。

池田　総理、この覚書について、私はワシントンで誰と話し合うのです？

吉田　それがわからんのだ。

池田　ええ？

吉田　わからんのだよ。

（しれっとした吉田に、狼狽する池田）

池田　やっ、あ、あのですね。アメリカの要人の誰を選んで話をするのが講和の促進に最も効果的なのか。

吉田　ワシントンに着いたら、万事、君の判断でやってもらう以外にない。

映画版でも原作でも『小説吉田学校』には、「誰と交渉したらいいのか」と聞く池田に、吉田が「わからない。自分で探せ」とメチャクチャなことを言いつけるシーンがありますが、それはさすがに創作でしょう。本当にそうだったとしたら吉田はそれまでいったい何をやっていたんだという話になります。

秘書の宮澤喜一を連れて、いざアメリカに到着した池田は汚い三流ホテルに押し込まれて呆然とします。池田自身の筆によると「高からず安からぬ中位のホテルに入れられた。日本がアメリカから援助を受けている以上、少し貧乏たらしくした方がよかろうという陸軍省の心遣いは、納得できた」です（『均衡財政』一三〇頁）。池田は文章だと嫌みな書き方をする人です。よほどアメ公に頭を下げねばならない「中間管理職」の立場が嫌だったのでしょう。

池田と宮澤は交渉に臨むけれど、思うようにいきません。ただ、陸軍にしても講和そのものに反対ではないことを強調します。

陸軍次官ヴォリイズの言うには「本当に陸軍が心配しているのは、もし講和をしたら日本は丸裸になるのか、米軍が去った後、日本はどうするのか、その点だけが心配なのだ。ただ講和に反対しているというのではないのだから、その点は間違わないでくれ」です。また数日後、日本で第八軍の司令官をしていたアイケルバーガー中将は「ふり返って考えると、アメリカとしては、日本に対してあまり懲罰的なことを色々やり過ぎてしまった。これは政策が根本的に間違ったものと思う。ソ連がのさばるぐらいならば、ヨーロッパは独逸にやってしまう、アジアは全部日本に頼む、その方がどれだけ良かったか知れない。もう一度フィリッピンのバタアンのところから戦争をやり直させてくれたら、こんなへまな真似はしなかっただろう」と言いました（宮澤喜一『東京―ワシントンの密談』中公文庫、一九九九年、五一〜五二頁）。

ロバート・アイケルバーガー中将、「遅すぎるわ！　ドアホが！」と言いたいですが、良識的なアメリカ人の本音だと思います。

さて、映画ではホテルに帰った池田と宮澤（演・角野卓造）が、二人でヤケ酒を飲み始めます。

池田　アメリカなんか嫌いだ。どいつもこいつも、このホテルもだ。何もかもけしからんじゃないか。

宮澤　国務省はドッジのいいつけで次から次へと見たくもない見学コースを押しつけてくるばかりですからなあ。

池田　くそ。あのドッジにしてからがけしからん。俺たちが何を望んでいるか、気づこうともせんで。国務省の公使おまけに陸軍省の顧問でもありながら……。（はたと閃く）ドッジだ！

宮澤　ドッジ……。

池田　ドッジなら国務省と陸軍省の両方に顔がきく。ドッジに話せば同時に両方に話したことになる。これで大任が果たせるぞ。むははははは。

宮澤　ははは。

（池田、宮澤に抱きついて接吻。宮澤、気持ち悪そうにキスされた頰をさする）

ドッジに話せば、ドッジにも話したことになる！　ドッジだ、ドッジだ！などとはしゃぎ回る……こんなやりとりが本当にあったのかどうか知りませんが、あってもおかしくないですね。

池田自身は「私は吉田総理から一つ『大事なことづけ』をされていた。それを然るべき人に然るべき場合に伝えるのが、ほかの経済問題より遥かに重大な使命であった。その機会をねらっていたが、色々考えて、結局、ある土曜日の午後、人気のない陸軍省の一室でそれをドッジと、日本問題を担当しているリード博士に伝えた。ドッジは国務省の顧問を兼ねていたので、これを伝えるのに不適当な人では無論なかったが、あえて彼を選んだのには少しわけがあった。そのわけはいずれのべる時機がくるだろう」と書いています（『均衡財政』二三一頁）。

ドッジとの会談が五月三日のことで、このとき吉田から託された秘事を明かします。「講和条約ができても、おそらくはそれ以後の日本及びアジア地域の安全を保障するために、アメリカの軍隊を日本に駐留させる必要があるであろうが、もしアメリカ側からそのような希望を申出でにくいならば、日本政府としては、日本側からそれをオファするような持ち出し方を研究してもよろしい」（『東京―ワシントンの密談』五五頁）と「米軍駐留を条件の早期講和」を提案しました。

数日後、池田は再びドッジと会っています。

以下は映画ではなく、『均衡財政』（二三三頁）よりセリフを抜粋します。

ドッジ「どれだけの土産を持って帰ればよいのか」
池田「公務員の給与ベースの引上、預金部資金の活用、次に、輸出入銀行の設立、さらに財源が残れば減税だ」
ドッジ「明日から具体案を研究しよう。ただしワシントンと東京との間には、色々むずかしい事情もあるから、かりに協議が整っても、羽田へ着くと同時にカバンから取り出すというわけにはゆかぬかも知れない」
池田「無論その辺の事情はよく知っているから、貴方も十分に東京の司令部と連絡してほしい。自分も司令部を立てるようにもってゆく」

池田のアメリカ出張に関して吉田とマッカーサーがどこまで合意していたのかは、わかりません。しかし、吉田がGHQの頭越しに、腹心の池田をアメリカ本国へ送り込み、陸軍省と国務省、対立するふたつの機関への密使とされたのは事実です。本国から日本に出向してきて威張り散らしているGHQの連中を相手にせず、直接アメリカにチクりに行く。この池田の役割は重要です。

なお、映画には登場しませんが、アメリカ出張には白洲次郎も同行しています。白洲がアメリカで終始別行動をとっていたことをもって池田と白洲は仲が悪かったという人もいますが、どうなのでしょうか。

池田は「白洲君は十分に自由を行使して、講和の最初の固めをしたようだが、詳しいことはここではのべない」「羽田での帰朝談も……白洲君とも相談して、……ホノルルの邦人の経営する新聞社で和英両文で声明書を印刷した」(同、二三一、二四一頁)と、意味深な表現で白洲の陰の協力をほのめかしています。

ちなみに、後に白洲は東北電力会長を務めますが、池田シンパの財界人と認識されていました(『政界金づる物語』九七頁)。

とにかく日本側から安保条約的構想のオファーがあったことでアメリカ国務省の立場は非常によくなり、講和の話が進むことになりました。

この頃の吉田と池田は、「とにかく占領されている状態を脱しなければダメだ!」と、必死でした。

ところで、外交官出身の吉田は秘密主義で、情報を漏らす人間を信用しませんでした。

池田も親分の吉田に倣い、新聞記者たちにネタを提供しません。だからマスコミとの関係は最悪でした。そんな中、例外的存在がブーちゃんこと伊藤昌哉です。西日本新聞の大蔵省担当だった伊藤は、池田に食い込んでいくこととなります。

第五節　朝鮮戦争の日本への影響

昭和二十五（一九五〇）年六月二十五日、北朝鮮軍が北緯三八度線を越えて南側に侵攻し、朝鮮戦争が勃発しました。これが日本の運命にも大きな影響を与えます。

朝鮮戦争は「アコーディオン戦争」と言われるほど、押したり引いたり、前線が朝鮮半島全域にわたって南北に移動しました。最初は準備万端整えて侵攻してきた北朝鮮軍に韓国側はなすすべもなく、一時期は釜山近郊まで北朝鮮になってしまいました。釜山は対馬の対岸にある都市で日本から見えます。そこが陥落したら一巻の終わり。調子よく侵攻していた金日成が三日間、進軍を止めるという謎の行動をとりますが、それがなければ、本当に釜山まで落ち、半島全土が真っ赤っかになっていたかもしれません。

マッカーサーとしてはお尻に火がついた状態です。あわや朝鮮半島から撤退かという危機に見舞われたのです。もし日本が社会主義陣営に乗っ取られたら、アメリカはハワイまで撤退しなければなりません。そうなれば、第二次世界大戦の成果をすべて失うことになります。

このような東アジア情勢において、米軍が引き続き駐留しながら日本が独立するという吉田茂の提案は、アメリカ側には渡りに船に見えてきます。日本としては好機です。独立の見通しが早まりました。あとはアメリカ国内の調整です。

しかし、新たな難題をかかえこみます。アメリカは日本に対して、「もう一度軍隊を作って戦え」と無理難題を言い出します。吉田としては「勝手なことを言うな。金がないのにどうやって軍隊を作って戦えというのだ」です。吉田は戦前からの軍人嫌いで、軍人に威張り散らされるのを何よりも嫌う人です。ましてや毛唐の猟犬にされるなど真っ平御免。ここだけ取り出すと「軽武装を旨とする吉田ドクトリン」という評価をしがちですが、それは敗戦当時で国民の衣食住も足りない日本が何を好き好んでアメリカの戦争でこき使われなければならないのか、という時代状況下での判断です。そもそも戦前の吉田は、泣く子も黙ると言われた関東軍という日本陸軍が青ざめるほどの、好戦的な帝国主義政策をやろうとした外交官です。嘘だと思う方は、『日本外交文書』昭和期Ⅰ　第一部第一巻に、当時の吉田の仕事ぶりが大量に残っていますのでご確認ください。

吉田の本音は「アメリカ、ふざけるな！」なのです。

六月には国籍不明機の接近により北九州で空襲警報が出ました。「自分の身は自分で守れ」と七月八日、マッカーサーは警察予備隊を創設し、海上保安庁を増員するよう指令を出します。そして、八月十日には警察予備隊令が公布されました。

喧嘩のときにキツいのは足手まといがいることです。守らなければいけない者が一人いるということは、敵がもう一人いるのと同じぐらい大変です。北朝鮮相手に苦戦しているときに、日本で空襲警報を出したり、暴徒を鎮圧したり、そんなことを米軍がしていられません。それでもまだ日本は軍隊を作るなどという段階にありません。「一緒に戦え」まで言わないから、せめて日本国内の治安維持ぐらいやってくれとのアメリカ様の意向で創設されたのが警察予備隊です。ＧＨＱは、そのぐらい追い詰められている状況でした。

そしてマッカーサーは、いままで野放しにしていた共産主義者の大弾圧をはじめます。いわゆる逆コースです。

九月一日には閣議でレッドパージの方針が決定されます。ＧＨＱの意向であることは言うまでもありません。とにかく革命を起こされては困る。

当時、共産党は「武装路線」をエスカレートさせていました。党員の一人が語っています。「党は一九五一年以降、軍事方針を出して、火炎ビンを投げたり、警察署、交番を襲ったりしたのです。そのとき、朝鮮人労働者が多く担いましたが、党が全部指導しました」（大沼久夫『朝鮮戦争と日本』新幹社、二〇〇六年、二二〇頁）。

後に講和がなり、対日平和・日米安保両条約が発効するのが昭和二十七年四月二十八日ですが、この日GHQが廃止されると早速、デモ隊と警官隊との大規模衝突が頻発しています。五月一日に皇居外苑で「血のメーデー事件」、六月二十四日には大阪で「吹田事件」、七月七日には名古屋で「大須事件」と戦後の三大騒乱事件と呼ばれる騒擾が三か月のうちに立て続けに起こっています。当時の左翼は本気で日本政府を暴力で転覆しようとしていました。三大騒乱事件は、いずれも重要判例として法学部の教科書に出てくるので、動かぬ証拠です。

よく左翼の皆さんが、「吉田は最初から再軍備を目指して警察予備隊を作った」と非難するのですが、違うでしょう。朝鮮戦争のドサクサに紛れて日本国内で暴力革命を起こそうとした、警察では対応できないような連中から治安を守るために警察予備隊が創設されたのです。再軍備を考える余裕などありません。

昭和二十五（一九五〇）年に話を戻します。朝鮮戦争勃発当初、マッカーサーは日本と韓国を飛行機で行き来しながら指揮をしていて、戦いが思うにまかせません。

九月十四日、東アジア情勢の緊迫を見ながら、トルーマン大統領がついに対日講和交渉開始を指令しました。翌十五日、アメリカを中心とする国連軍が、仁川・群山に上陸します。アメリカは、あわてて国連軍（多国籍軍）を結成し、建前上、地球の半分を味方につけて、ようやく戦況を押し返しはじめました。

戦後、公職追放にあっていた人たちが追放解除となるのも、この頃です。

第六節　「貧乏人は麦を食え」の真意

この年の末、大蔵大臣であった池田はまたしても舌禍事件を起こします。有名な「貧乏人は麦を食え」です。十二月七日の参議院予算委員会での一幕で、消費者米価について質問された池田が答えました。

御承知の通りに戦争前は、米一〇〇に対しまして麦は六四％ぐらいのパーセンテージであります。それが今は米一〇〇に対して小麦は九五、大麦は八五ということになっております。そうして日本の国民全体の、上から下と言っては何でございますが、大所得者も小所得者も同じような米麦の比率でやっております。これは完全な統制でありります。私は所得に応じて、所得の少い人は麦を多く食う、所得の多い人は米を食うというような、経済の原則に副《そ》ったほうへ持って行きたいというのが、私の念願であります。

（国会議事録より）

これが「貧乏人は麦を食え」と言ったかのように報道されました。池田はそんなことは言っていないし、自身も以前から麦飯を食べています。池田の育った家では、父親と長男は白い飯を食べ、それ以外の家族は麦飯を食べさせられていたそうです（『随筆池田勇人』三〇頁）。今日まで語り継がれているくらいですから、当時はひどく批判されましたが、池田が処分されるということはありませんでした。

麦飯発言の二日後、十二月九日に臨時国会が閉会し、十日に通常国会が召集されています。日本の目と鼻の先で戦争の真っ最中なので、政治家は休んでいられないのです。「人類史上最大の疫病だ！」と叫びながら何か月も国会を閉じる政治家や、緊急事態宣言なのにしっかりとお盆休みを満喫するどこぞの日本医師会とは違います。

マッカーサーは朝鮮の戦況が好転すると北進し、中華人民共和国の介入を招き、退却。

戦線が膠着すると、「原爆を使え」などと過激なことを言いだします。一将軍の身でありながら、思い通りにやらせてもらえないとトルーマン大統領を批判する始末です。こうしたマッカーサーの発言は米本国で不興を買います。

その結果、とうとう昭和二十六（一九五一）年四月十一日、マッカーサー元帥は罷免され、後任にマシュー・リッジウェイ中将が就きます。

ところでリッジウェイって誰？

マッカーサーは、どの教科書にも載っていますが、リッジウェイは習いません。そのぐらい日本史的には存在感の薄い人ですが、一応、朝鮮戦争で功績のある司令官でした。もっとも、特に名前が知られていないということは日米和平交渉の路線ほか日米関係に変化がなかったということでもあります。

マッカーサーが日本を去った後、吉田にとって重要な交渉相手はジョン・F・ダレスになります。では、ダレスって誰？　昭和二十六（一九五一）年一月、講和特使として来日し、講和条約および日米安保の二条約の締結に重要な役割を果たした人です。アイゼンハワー大統領時代に国務長官（一九五三年一月〜一九五九年四月）となります。アイゼンハワーを「あれぐらい大統領として仕事をしなかった奴はいないだろう」と言う人がいますが、それぐらいダレスが有能で、すべてを引き受けていたということでもあります（岸信介・矢次一夫・伊藤隆『岸信介の回想』文芸春秋、一九八一年、一八四頁）。

ダレスは、対日平和条約を懲罰的でないものにするよう努め、アメリカ政府内部をまとめます。結局、日本は賠償を要求されず、政治的にも経済的にも制限を課せられない内容となります（五十嵐武士『対日講和と冷戦－戦後日米関係の形成』東京大学出版会、一九八六年、二四四、二五七、二七六頁）。

池田は、サンフランシスコ講和会議には吉田首相自身が首席全権として出席するのはもちろんのこと、国民の大多数の支持を得ていることを示すため、できるだけ広い範囲の国民代表を講和会議に送るべきだと考えていました（『均衡財政』二九九頁）。

講和そのものに反対でなくても安全保障条約のほうは侃々諤々《かんかんがくがく》と賛成・不賛成があり、野党からの代表を入れるのに苦労しています。吉田は民主党の苫米地委員長邸を自ら訪問して頭を下げています。

結局、日本の全権団は吉田茂首相、池田勇人蔵相、苫米地義三国民民主党最高委員長、星島二郎自由党常任総務、徳川宗敬参議院緑風会議員総会議長、一万田尚登日銀総裁の六人となりました。吉田は池田勇人を全権団に入れ、他は入れない。この段階でも、まだ佐藤栄作は池田と同格になっていません。それどころか、池田へのえこひいきは歴然でした。吉田としては講和の下交渉をした池田への論功行賞なのですが。

昭和二十六（一九五一）年九月八日の午前中、日本の独立を回復するサンフランシスコ講和条約を結びます。

吉田は受諾演説を当初、英語で行うつもりでしたが、日本の尊厳のために日本語のほうがいいだろうという米国側の提案に従い急遽日本語で行われることになりました。そのためスタッフは大慌てで演説原稿を日本語で紙に書き写し、それを議場でつなぎ合わせるという時間ギリギリの作業となりました。

また、受諾演説原稿の巻紙を見た外国人の記者は「トイレットペーパー」と評しました。池田によると「その晩、会議がすむと、新聞の写真班が沢山ホテルへ押しかけて、この不思議な『東洋のトイレット・ペーパー』を写していった。すっかりのばすと、ホテルの廊下の突き当りの吉田さんの室から何間か離れたエレベーターまでいって、また帰ってくるくらいの長さであった」そうです（同、三一一頁）。

ほかにも同書は、講和会議について、感慨を込めていろいろおもしろい話が書いてあります。いよいよ明日、吉田が演説するという晩は白洲次郎が泣きじゃくったとか、吉田の愛娘・和子のファーストレディぶりに現地新聞が「比類なくシックである」と書いたとか。そして、日本へ帰った日に吉田は官邸で「この家も焼き打ちにあわずに結構でした」と安どしたそうです。

第七節　旧安保と新安保は何が違うか

講和条約を華々しく調印した午後、安全保障条約を調印します。日本にとって屈辱的な条約です。日本側は吉田だけが署名しています。池田はついていこうとしたけど、吉田が「来るな」と拒んだとか（『池田勇人とその時代』八八頁）。池田の将来に傷をつけまいと配慮したと考えられます。

吉田が結んだ安保条約の内容は、「アメリカが日本を守る」です。ほかにも細かいことがいろいろと条約に書いてあり、付属文書もありますが、本質的にそれだけです。

細かいことを言い出せば、いろいろ問題はありますが、とにもかくにも日本は講和条約によって独立を回復しました。「独立といったって形式だけじゃないか。結局のところ米軍が居座り、実質的に従属したままじゃないか」と言われればそのとおりです。しかし、形式上の独立にまったく意味がないかといえば、そんなことはありません。

サンフランシスコ講和条約発効の前後で何が違うか。

それ以前は、米軍のジープが日本の領土をわがもの顔で走り回り、日本人はそれを避けて歩かねばなりませんでした。条約発効以後は、米軍基地の軍人も日本では日本の法律に従った行動を取らなければなりません。日本政府の許可なく法律に違反した独自行動を取れば国際問題になります。

もちろん米軍基地にもいろいろな人がいて、不祥事もときどき起こります。しかし、概して日本に派遣されるアメリカ人は本国よりも優秀な人が多いそうです。アメリカにとって日本列島、特に沖縄はそれだけ重要な拠点なのです。日本が陥落したら、アメリカは太平洋への壁を失ってしまいます。太平洋西部の国や島を上から順に見ていくと、アラスカ半島から伸びるアリューシャン列島はアメリカ領土です。そして、日本列島、台湾、フィリピン、インドネシア、オーストラリアと続きます。この縦の線は、大陸勢力を海に出さない壁です。

戦後国際政治は、ソ連（今は中国）が太平洋に出ようとするのをアメリカが出すまいとする争いです。これらの島々のど真ん中にあるのが、沖縄です。なお、地球上で世界各地に最もアクセスしやすいのがイギリスのロンドン、二番目が沖縄だそうです（秋元千明

『戦略の地政学　ランドパワーvsシーパワー』ウェッジ、二〇一七年、二二四〜二二六頁)。

アメリカが覇権を維持しようと思えば、沖縄とロンドンを勢力圏においておきたいのです。逆に敵側からしてみれば、沖縄が反米であればあるほど都合がいい。だから、基地を提供してもらうことはアメリカにとって重要です。特に戦争が始まったときに基地使用を拒否されては計画が大きく狂ってしまいます。

基地がどれほど大事か。平成十九(二〇〇七)年にアメリカ議会が第一次大戦時のトルコによるアルメニア人殺害事件に関して「ジェノサイド」であるとの非難決議案を採択しました。すると即座にトルコ政府が、「では、米軍にはトルコの空軍基地を使わせません」と応じました。それに対応して米国政府は、決議案に反対声明を出すなどしてトルコに気を使っています。

この事件の直前、どこぞの極東のアメリカの属国は、アメリカ議会が「第二次大戦中の慰安婦問題への非難決議」を採択するや、「アメリカは同盟国だ！　ここで争わないことが国際政治のリアリズムだ！」などと泣き寝入りしました。日ごろは「凛とした保守」を気取る言論人の皆さまも右へ倣え。アメリカ人も、そうした極東の愚かな属国根性炸裂の奴隷国家相手に味を占めたので、トルコを舐めてかかったのでしょう。

自分の国の話でなければ、特筆大書、笑い者にするのですが……。

第八節　吉田、引き際を誤る

条約は、結んできた国の議会で承認されて、初めて効力を発揮します。吉田がサンフランシスコで二つの条約に調印してきた後、十月二十六日に衆議院で採決されました。講和条約は賛成三〇七、反対四七票。安保条約は賛成二八七、反対七一票で通過します。そして十一月十八日、参議院でも採決されます。講和条約は賛成一七四、反対四五。安保条約は賛成一四七、反対七六票で通過。翌日、両条約の批准手続きが完了しました。

野党の社会党は、賛否をめぐり内部対立します。左派は両方の条約に反対、右派は講和条約にのみ賛成です。そのために、衆院での採決二日前の十月二十四日に、党が左右に分裂しました。

しょせんはワンポイントリリーフと思われていた吉田が、日本の講和独立を回復する大業を成し遂げました。これを花道に退陣していたら、吉田を悪く言う人は誰もいなかったでしょう。ところが人間、権力の椅子に座ると放したくないものです。

十二月二十五日、クリスマスの日に吉田は第三次内閣改造を行います。まもなく日本から去っていくGHQにお役御免を言い渡すと同時に、これからも政権を維持するとの宣言です。閣僚は次のとおりです。

法務総裁　木村篤太郎……反共抜刀隊を作ろうとしたド右翼。
外務大臣　吉田が兼任
大蔵大臣　池田勇人………本書の主人公。吉田の「嫡子」
文部大臣　天野貞祐………著名な教育者。民間からの登用。
厚生大臣　橋本龍伍………吉田学校。官僚出身。のちの首相龍太郎の父。
農林大臣　広川弘禅………吉田の佞臣。
通産大臣　高橋龍太郎……財界の大物。
運輸大臣　村上義一………官僚出身。財界の大物。
郵政大臣　佐藤栄作………吉田学校。官僚出身。
労働大臣　吉武恵市………官僚出身。労働問題の専門家。
建設大臣　野田卯一………官僚。大蔵省で池田の後輩。
安本《あんぽん》長官　周東英雄………官僚出身。　※安本は経済安定本部の略称

賠償庁長官　岡崎勝男………気骨の外交官。後に外相。
国務大臣　山崎猛…………反主流派の象徴。
国務大臣　大橋武夫………吉田学校。官僚出身。

吉田側近、官僚出身者、財界人がズラリ。山崎猛だけは、党内反主流派にも一つくらいポストをやる、とのお情け人事です。地方議員や秘書出身の議員を「党人派」と言いますが、水戸市長出身の山崎と東京市会議員（今の都議会議員）出身の広川だけが党人派です。

日本が独立を回復し占領軍がいなくなれば、ＧＨＱの公職追放も解除されます。吉田に政権を預けた格好の鳩山一郎は「返せ」と迫ります。鳩山本人はお人好しなのでそんなことは言いませんが、吉田体制でおいしい思いをしていない政治家たちは、鳩山の周りに集まってきます。戦前からの政党政治家、党人派が多くいました。彼らは「吉田官僚政治打破」を掲げます。そんな鳩山派に対する意趣返しが、この内閣改造です。

だからこの内閣改造を鳩山派幹部の河野一郎が、「とんだクリスマスプレゼントだ」と言ったとか言わないとか。

ところで、吉田は自他ともに認めるワンマンです。占領軍がいる間は多少強引な措置も

GHQのせいにできましたが、独立してからは世間の目にも、ただ単に吉田のわがままと映ります。

ただし、吉田はワンマンであると同時に、人に取り入る達人です。

まず吉田は、牧野伸顕の娘婿となりました。牧野伸顕といえば、明治維新の立役者・大久保利通の息子であり外務大臣、内大臣を務めた重鎮ですので、外務官僚の吉田としては最強のコネとなります。第一次大戦後のパリ講和会議に牧野が全権として出席することを聞いた吉田は、ちゃっかり随員になっています。

総理兼外務大臣であった田中義一にもうまく売り込んで外務次官になり、田中のことを「これほど仕えるに楽な上役に出会ったことがない」と回顧しています。大臣の判を貰いに行くと、田中は判を握ったまま、書類の内容などには目もくれず「大丈夫か」。吉田が「大丈夫です」と言うと、ポンと判を押しました。この段取りを繰り返すだけで、山と積まれた書類もたちまちのうちに片づいてしまったとか（『回想十年』下巻二二六頁）。

外務大臣が田中とは対照的な幣原に代わると、これにも素早く対応。厳密で慎重な事務家である幣原が何でもやってしまうので省内では「幣原次官、吉田大臣」などと陰口を叩かれますが、気にしません（同、下巻二二七頁）。

そして戦後、占領期にはマッカーサーおよび参謀第二部のウィロビーとの関係を密にします。民政局から外務省に「この人物は辞めさせせろ」などと言ってきても、吉田は「正式の文書にして申し出てもらいたい」と返しました。文書にすれば、その文書を吉田がマッカーサー元帥のところへもっていって、直談判するのを民政局は知っていたので問題が消えてしまうことが多かったといいます（同、上巻一三〇〜一三一頁）。

マッカーサー統治の末期になると、そのマッカーサーの頭越しにアメリカ本国と交渉を進めます。後任のリッジウェイなんか眼中にありません。

その後、日本政府の交渉相手として重要になってくるのは前述のとおりダレスです。

第九節　どこまでもツイていない鳩山一郎

そもそも、吉田が総理大臣になれたのは鳩山一郎が公職追放されたからです。政党政治家たちが戦中、軍に協力したとして公職追放され、ごそっと抜けたので、素人代議士ばかりになってしまい、総選挙で大勝した吉田は池田ら高級官僚を促成栽培で代議士にして大臣にしていきました。そして吉田は長期政権を築きました。いわば、吉田や池田は「占領期おいしい思い組」なのです。別名、「占領受益者」「戦後派」です。

しかし、占領が終盤に近づくと追放が解除され、大物政治家が続々と政治活動をはじめます。昭和二十六（一九五一年）六月二十日には第一次追放解除で三木武吉と河野一郎が、八月六日には第二次追放解除で鳩山一郎が戻ってきました。この中で、吉田打倒に異常な執念を燃やすのが三木武吉です。戦前、鳩山は立憲政友会で三木は立憲民政党、むしろ政敵のような関係でした。しかし、二大政党の力が衰え、軍の力が強くなると、三木は鳩山とともに抵抗していました。敗戦で軍が解体されると二人とも政界復帰、新党・自由党を立ち上げます。総裁は鳩山、副総裁格の総務会長には三木が就きました。党の人事と資金と選挙を差配する幹事長には、若い河野一郎を抜擢しました。河野は、戦前は立憲政友会の代議士です。しかし三人そろってGHQに逆らい公職追放されていたのが、ようやく政界復帰が見えてきました。いわば「占領期冷や飯組」、別名「戦前派」です。三木や河野は、サンフランシスコ条約までは吉田の続投を認めるとして、講和達成を花道に鳩山に政権を渡すのが当然だと考えていました。そんな鳩山派に対する吉田の答えが、「クリスマス改造」だったのです。

この頃、吉田がGHQに働きかけて鳩山の追放解除を遅らせたのではないかという噂がありました。Y項パージと言われます。Yは、もちろんYoshidaです。鳩山はその噂を信じ、二人の間は険悪になっていきます。

鳩山派は、明らかに政権を渡す気が無い吉田に、どう対応するかで作戦を練っていました。三木武吉と河野一郎が両側近、他に追放されずに自由党に残っていた大野伴睦や追放が解けた石橋湛山が集まりました。もっとも、大野は三木とそりが合わずに、鳩山派を離脱しますが。

そんなある日、鳩山が悲劇に見舞われます。会合の途中トイレに立った鳩山は、脳溢血で倒れてしまいました。かけつけた薫子夫人に「通じがあったから、尻を拭いてくれ」と言ったきり、意識不明に陥りました（大下英治『華麗なる鳩山一族の野望』プラネット出版、二〇〇〇年、一一四頁）。あやうくこれが最期の言葉になりかけましたが、薫子夫人の賢明な介護で一命をとりとめました。トイレに布団を敷いて、その場を動かさなかったのがよかったようです。同じ状況で上杉謙信は帰らぬ人となりましたから、不幸中の幸いの奇跡です。ただ、左半身麻痺の後遺症が残りました。

吉田はこれ幸いと居座ります。いわく「鳩山君の病躯よく独立再建の国務に耐え得るや、重責に堪ゆるの明かならざる限り、私として党総裁および総理大臣の重任に鳩山君を推挙するのは、情誼はともかく、総理大臣として無責任であると感じ、これを躊躇せざるを得なかった」です（『回想十年』上巻二〇一頁）。いかなる言葉で飾ろうと、権力の座に居座りたいだけです。

鳩山派は怒り心頭ですが、親分を失っては致し方ありません。しかし、司令塔の三木武吉は着々と策を練ります。それから三年に渡って吉田・鳩山抗争が続くわけですが、ここでその構図を簡単に解説します。

吉田茂ら官僚派vs鳩山一郎ら党人派の対立とよく言われますが、それは的を射た言い方ではありません。吉田陣営にも党人はいるし、鳩山陣営にも官僚がいます。もっと本質的な違いは、占領期においしい思いをしたのが吉田たちで、占領期に追放に遭い冷や飯を食わされたのが鳩山たちなのです。

また追放組は二手に分かれていて、鳩山一郎とその周囲には戦前の政友会の追放組が集まっており、民政党の追放組は野党第一党の改進党に入っています。改進党は元外相の重光葵が総裁で、若き三木武夫が幹事長を務めていました。

重光は元外務次官、のちに外務大臣となる外務官僚出身の政治家なのに、さも党人派のように分類されることが多い。一見、謎ですが、重光も占領期に追放されているので、追放組かどうかという括りで考えれば合点がいきます。

もちろん、例外もあります。三木武夫は「占領期においしい思いをした組」に入ろうと思えば入れたのですが、反吉田の立場でずっと野党暮らしです。この辺、三木が何を考えていたのかは、著者名を忘れましたが『政争家・三木武夫』（講談社、二〇一六年）という名著をお読みください。三木の心境を一言で言うと、「なんかムカついた」です。

また、三木武吉は旧政友会のたまり場である鳩山派の中で唯一民政党の人です。なお三木武吉と、後に総理大臣となる三木武夫とは赤の他人です。念のため。

なぜ三木武吉が旧政友会の鳩山派に入ったのかは謎です。そういう趣味の人だったとしか言いようがありません。何が何でも、たとえ自分が死んでも魂だけで鳩山内閣をつくるという謎の趣味の持ち主でした。ただ、鳩山一郎が首相になったことで、三木武吉の名が上がりました。総理大臣どころかヒラの大臣すら務めていない三木武吉が、生半可な総理大臣より格上の存在と認められています。鳩山一郎が首相になれたのはすべて三木武吉のおかげと誰もが思っているからです。逆に、そのぐらい鳩山一郎はダメな人です。

ただ、鳩山は不思議と人望がありました。お坊ちゃん育ちで騙されやすいのですが、戦時中は東条英機に抵抗した数少ない政治的リーダーのひとりであったことは間違いありませんから、自由主義的政党政治家の象徴的な人物となりました。

第十節　執念の男、三木武吉は負けっぱなしだった

戦後政治において、「三木武吉」は党人政治家の代名詞、「第二の三木武吉」と言われるのは、勲章のようなものでした。なにせ、自民党をつくった人ですから。しかし、それは後世のイメージです。鳩山内閣ができるまで、三木武吉は全戦全敗の男です。

中学は他人の罪をかぶって退学となります。就職では、実力政治家の星亨の事務所に書生として入ることが決まっていたのに、住み込みになる当日に星が暗殺されてしまいます。それから東京専門学校（現・早稲田大学）に入学し、ここは無事に卒業します。就職先は日本銀行です。しかし、ポーツマス条約に反対する政府批判の演説をしてしまい、服務規程違反で免職になります。このあたりのバカバカしい展開は、東忠尚『日銀を飛び出した男たち』（日経BPM、一九八二年）をどうぞ。

明治三十八（一九〇五）年三木は、なんとか司法試験に合格し東京地方裁判所に勤務するけれど、つまらない事務仕事に嫌気がさして、民間の法律事務所に転職。貧乏なくせに書生をたくさん引き受けたのでますます貧乏に。面倒見の良さを見込まれて区会議員になり政治に目覚めますが、調子に乗って代議士になろうとしたら落選します。このときに当

選して嬉しそうにしている鳩山一郎に出会って、名門の鳩山と自分の落差を痛感します。その二年後の大正六（一九一六）年には三木自身もなんとか当選し、三十二歳で最年少衆議院議員となりました。しかし、政治家として成功するかに見えたころ、汚職事件に連座して執行猶予つきの禁固三か月。政界から退きます。その後は、事業を起こすなど実業の世界へ。報知新聞社社長として陸軍大臣の東条英機に盾突き、目をつけられたりもしています。

戦争が近づくと、近衛内閣が大政翼賛会を発足させるなど、政党政治が機能しなくなっていきました。開戦後の昭和十七年四月、三木はあえて「立憲政治に戻ろう」と立候補します。当選は果たしたものの、何もできずに終戦を迎えます。ただ、鳩山との親交を深めます。

戦後、さあこれからは自分たちの時代だ。鳩山を総理にするぞ！　というときに鳩山が公職追放されます。まもなく三木自身も追放に。その後、追放解除で戻ってきても「鳩山に政権を返す」という約束は守られず、吉田茂にやられっぱなし。

鳩山を担いで吉田に喧嘩を売ろうとしている時点での三木の評価は、単なる懲りない男です。その後三年間、三木は吉田に喧嘩を売り続けますが、性懲りもない男として扱われます。

ところで、三木には独特の人間学があって、昭和三十一年に「僕が生きている間は発表しない方がいい」と前置きして知人に語った人物評があります。

石橋湛山――有能だが、性格上からして敵が多いね。腹はある男だが、心臓が強すぎる。まあ、あれだけの男だ。

松村謙三――僕とは学友で政友だが、奴は合同嫌いだ。松村は保守党が倒れた時、すぐに社会党にやるのがいやだから、保守党を二つ存在させておいて、政権をタライまわししようという腹らしいが、それはいけない。社会党にもやらせてみるがよい。そのお手並を拝見して、国民に訴えるのがいいのだ。

岸　信介――使いものになるよ。岸内閣のできる日もそのうちに来る。

鳩山一郎――情の薄い男だ。鳩山はシッパナシだが、おれはもう用事のない老女でも見捨てぬ。

吉田　茂――謀略家の親方だ。

河野一郎――正直な奴だ。鳩山なんか最初は河野といったら、あんなのはごめんだと手を振っていたが、この頃は、河野でなくちゃあならんようになった。
大野伴睦――何といっても院外団からたたき上げた政党人だ。今の政党にはなくてはならん人物だ。仲よくしてやってくれ。
三木武夫――小さな世帯ばかりやって来たから、大きな世帯のことはわからんね。
石井光次郎――存外な人物だ。
池田勇人――頭はいいね。もっと苦労して洗練されると、ひとかどの政治家になる。
佐藤栄作――吉田に義理立てしたのは悪くないが、兄貴の岸信介を助けてやる方がいいな。佐藤もひとかどの男だよ。
（『随筆池田勇人』三五九～三六〇頁）

同時代の三木武吉も池田のことを苦労知らずと見ていたようです。なお同年六月に三木は没しますので、最晩年の言葉です。

第十一節　またもや大失言「中小企業は倒産してもやむをえない」

さて吉田内閣ですが、昭和二十七年夏、吉田の軍師である松野鶴平（参議院議長。松野頼三の父で、頼久の祖父）が、鳩山派が準備できないうちに解散してしまえと吉田に入れ知恵し、八月二十六日に「抜き打ち解散」を行います。池田や佐藤ら、最側近だけで決めてしまい、敵を欺くにはまず味方からとばかりに、大野伴睦衆議院議長や林譲治幹事長、益谷秀次総務会長など自由党幹部も知らされていませんでした（石川真澄『戦後政治史』岩波書店、一九九五年、六三頁）。それどころか、全閣僚の署名さえそろっていませんでした。そのため、衆議院解散について天皇の国事行為に関する「内閣の助言と承認」の法的要件を満たしていないのではないかとして、違憲訴訟が起こされてもいます。

しかも吉田は九月末、吉田批判演説をしたとの理由で、石橋湛山と河野一郎を自由党から除名します。なぜか吉田は三木を追放しませんでした。第一次政権で窮地に陥った時、三木に助けられた恩を返した……、つもりでいたようです。

十月一日の総選挙の結果、吉田派は七三議席。対する鳩山派は準備不足にもかかわらず六八議席と健闘しています。残り九九議席は中間派です。というのは鳩山派の大本営発表で、本当の鳩山派は、二四〇議席のうち自由党三五人くらいです。吉田直系は七〇人くらいですが、残りは吉田派に入れてもらえないかわいそうな人たちです。といっても中間派という訳では無く、現職の総理総裁である吉田、あるいは幹部に逆らえるような根性のある代議士は一人もいません。

しかし、いかなる状況でも懲りないのが、三木武吉の真骨頂。むしろ、この状況を思う存分、利用しました。当時の衆議院の定数は四六六。自由党は二四〇ですから、過半数を超えること、わずか七。鳩山派三五人が造反すれば、吉田内閣は立ち往生します。たとえば首班指名で野党と組むとか、あるいは予算を否決するとか。

それを見越した官房長官の緒方竹虎が三木と交渉し、首班指名選挙で吉田に投票するよう約束させ、代わりに鳩山派の出した条件を呑みました。で、丸く収まるはずがなく、いったん首班指名選挙で総理大臣に再選されるや、吉田は河野、石橋の除名取り消しの約束など無かったことに。もちろん、鳩山派からの入閣はゼロ。このあたりの吉田の性格の悪さ、菅直人や小池百合子など小物にしか見えません。吉田の辞書に「約束」の文字はありません。

ドタバタの末に成立した第四次吉田内閣の主要人事です。

〈自由党三役〉

幹事長　　林　譲治………吉田側近。

総務会長　益谷秀次………吉田側近。
政調会長　木暮武太夫……誰？　超マイナー政治家。

〈主な閣僚〉
官房長官　緒方竹虎………吉田の後継者。
外務大臣　岡崎勝男………気骨の外交官。
大蔵大臣　向井忠晴………財界のオヤジ。
通産大臣　池田勇人………ここ数頁は影が薄いが、この本の主人公。
建設大臣　佐藤栄作………まだまだ池田に追いついていない。
農林大臣　小笠原三九郎…財界のオヤジ。のちに広川弘禅が継ぐ。
保安庁長官　木村篤太郎……当時の日本を代表する「進軍ラッパ」オヤジ。

木暮さんって方、今日この文章を書いている日まで知りませんでした。世間では政治に詳しいと思われている私が知らないのですから、興味があるオタクの方以外は無視してよいでしょう。それくらい、当時は政調会長の地位が低かったのです。だから、第三次吉田内閣で、池田が蔵相になった時に政調会長に回された佐藤が同格など、ありえないのです。しつこく言いますが。なお、幹事長と総務会長は、吉田のイエスマン二人組です。

この内閣の軸は、緒方です。最近、緒方の詳細な伝記が出ました。江崎道朗『緒方竹虎と日本のインテリジェンス』（ＰＨＰ新書、二〇二一年）です。緒方は朝日新聞重役のジャーナリストで、戦時中の小磯内閣で国務大臣・情報局総裁として入閣し、和平工作に従事しました。敗戦直後の東久邇宮稔彦内閣では、国務大臣・官房長官として入閣、混乱期の日本を取り仕切りました。占領軍に睨まれて公職追放され、ようやく政界に復帰していました。自由主義者かつ紳士として知られていて、吉田は自分の後継者にしようとしたようです。また、『緒方竹虎と日本のインテリジェンス』によれば、吉田と緒方は日本にもアメリカのＣＩＡのような情報機関が必要であると痛感していたとのこと。吉田が副総理格で緒方を迎え入れたのは、こうした日本の安全保障を確立する為の逸材として、後継総理に育てようとしたのです。

なお、昭和四十年までは官房長官は大臣ではないので、長官が国務大臣を兼任している時点で、大物の証拠です。なお佐藤栄作は第二次内閣で官房長官に登用されましたが、国務大臣ではありません。しつこく佐藤を貶めるようで恐縮ですが。

他の閣僚は財界人が増えていますが、あんまり気にしないでください。総選挙で吉田は財界からカネをかき集めたので、その論功行賞と考えるのが当然でしょう。

池田は蔵相をはずれましたが、通産大臣兼経済審議庁長官に回ります。ここでも建設大臣の佐藤より格上です。

ところが、ここで池田が三回目の舌禍事件を起こします。「中小企業の五人や十人倒産して自殺してもしかたがない」と言ったと報道されて問題となってから約三年半たっていますが、十一月二十七日の衆議院本会議で「中小企業は死んでも倒れてもしかたがないという考えを依然として持っているのか」と聞かれて、池田は取り繕うどころか、バカ正直に「昭和二十五年三月一日の私の言として新聞に載りましたことにつきましては……インフレ経済から安定経済に向いますときに、この過渡期におきまして、思惑その他の、普通の原則に反した商売をやられた人が、五人や十人破産せられることはやむを得ない――お気の毒ではありますが、やむを得ないと、はっきり申しておきます」と答えてしまいました。

当たり前ですが、「反省の色なし」と新聞に書かれてしまいます。とはいうものの、日本中で衣食住が足りないのを日本人は誰でも知っているので、「また池田が放言したか」レベルの話でした。最近の言葉狩りの風潮からしたら信じられないかもしれないですが、政治家の失言を咎めて大臣を辞めさせるなど、誰も考えていない時代でした。

そんな時代にそれを考えたのが、三木武吉です。吉田に騙された格好の鳩山派は、三十五人の数を生かして、報復しました。野党が池田大臣の不信任案を出した時、鳩山派が投票を棄権したために、通ってしまいました。池田勇人は不信任案が可決してしまった唯一の大臣となりました。

吉田内閣で重用されていた池田の、政界入り初めての躓きです。

第十二節　バカヤロー解散と八人の侍

吉田は鳩山派（というより三木）に力ずくで脅されて、河野、石橋の除名を無かったことにするなど、妥協しました。このあたりの吉田と三木のやり取り、いちいち性懲りも無くて楽しいのですが、池田に関係が無いので、ほぼ省略。大事な話だけ言うと、三木は党役員改選を要求し、自分は総務会長に収まります。幹事長には、「広川弘禅を」と言い出します。広川は吉田の佞臣、表向きは忠誠心を示していますが、吉田の嫌いな党人で見た目からして下品。三木が突如として「広川幹事長」などと言い出すので「何を企んでいるのか？」と疑った吉田は、腹心の佐藤栄作を幹事長にしました。佐藤が池田を超えたのは、政界入りしてから初めてです。

とにもかくにも、吉田は鳩山派（というより三木）と妥協して、政権を維持しました。

吉田は国会嫌いで有名で、野党どころか与党自由党の議員までも含めて、「猿山のサル」呼ばわりするほどでした。そんな吉田が少数与党で国会運営に苦労し、イライラが爆発します。

昭和二十八（一九五三）年二月二十八日の衆議院予算委員会で、社会党の西村栄一（眞悟の父）から質問を受けます。このやり取り、まじめに書き起こすと原稿用紙四枚超になるので、要点だけまとめます。

西村「総理は国際情勢は楽観すべきであると言われたが、その根拠はどこにあるのか」
吉田「国際情勢は楽観すべしと述べたのではない。戦争の危険が遠ざかりつつあるということをイギリスのチャーチル首相、あるいはアイゼンハウアー大統領自身も言われた。英米の首脳者が言われておるから、私もそう信じたのであります」
西村「日本国総理大臣に国際情勢の見通しを聞いている。イギリスの総理大臣の翻訳を聞いているのではない」

吉田「日本の総理大臣として答弁しました」

西村は社会党右派で、後に民社党を設立する人です。民社党は、社会党を飛び出したら自民党より右に行ってしまったという政党です。息子の眞悟氏も日本一の右派政治家として知られていましたが、親父の栄一氏も相当でした。ここで何の話をしているかと言うと、「まともな軍事力を持たないで日本の国防は大丈夫か」と聞いているのです。吉田も、「アメリカの猟犬になりたくない」「そもそも再軍備したくても金が無いから保安隊で我慢している」「軍隊をつくれないなら、なんとか情報機関を」と本音では動いているので、国会で「お前、国防をまじめに考えているのか」と聞かれると、「お前に俺の苦労が分かるのか」とイラついてしまう訳です。

そして思わず席に戻る時に、「バカヤロー」とつぶやいてしまいました。バカヤローは吉田の口癖なのですが（それ自体が性格に難ありですが）、不幸なことに小声がマイクに拾われてしまいます。吉田もさすがにまずいと思って発言を取り消し、西村もそれ以上は追及しませんでした。

三木武吉はこのチャンスを逃さず「これは日頃の国会軽視が現れている！」と煽ります。

まず、野党に懲罰動議を出させます。吉田も野党第一党の改進党を切り崩しますが、三木は吉田側近の広川を寝返らせています。三木が推薦したにもかかわらず自分を幹事長にしなかった吉田を恨み、広川は鳩山に接近していたのです。

三月二日、鳩山派に加えて広川派も欠席したため、吉田首相の懲罰動議が可決してしまいます。吉田は裏切った広川農相を罷免しました。

さらに十四日、内閣不信任案が可決され、吉田は衆議院を解散します。これが世に言う「バカヤロー解散」です。

この間のドタバタも話しだしたら面白すぎて別の本になるので、最小限に。

解散四日後の十八日、鳩山派は脱党して「分党派自由党」を結成し、総選挙に臨みます。変な名前ですが、彼らの自称ではなくマスコミがつけました。というのも鳩山派が党名として同じ「自由党」を名乗ったからです。困ったマスメディアはこの党を「鳩山自由党（鳩自）」や「分党派自由党（分自）」、元々の自由党を「吉田自由党（吉自）」または単に「自由党」と呼びました（『戦後政治史』六六頁）。

選挙後、自由党も一九九に議席を減らしますが、分党派自由党も三五議席と惨敗です。吉田は改進党の重光を取り込んで今度も無事に組閣し、第五次吉田内閣が成立します。

吉田自由党は過半数割れしていますから、もし野党がまとまっていたら、吉田内閣はつぶれていたでしょう。しかし野党の大物たちにはそれぞれの思惑があって一本化できず、逆に吉田のほうが野党を切り崩して政権維持するというグダグダな政治状況です。

そして池田は政調会長に指名されました。失脚から、あっというまに返り咲きです。どこまで贔屓されているのやら……。

幹事長は佐藤の留任。三役筆頭が佐藤で、ビリが池田。この頃にようやく、なんとなく池田と佐藤が吉田学校の双璧、のようなイメージができてきました。

さて、三月といえば予算審議の真っ最中。そんな時に与党を分断する政変を仕掛けたあげくに、半年で二度の解散総選挙。それで政権がとれればまだしも、グダグダの多数派工作の末に吉田内閣が続投で何の為の政変だったのか。鳩山自由党に残ったのは借金と徒労感だけです。吉田はさすがに現職総理だけあって、「いざ総選挙!」となれば即座に財界の実力者たちに一声かけて、選挙資金を調達しています（阪口昭『寡黙の巨星　小林中の財界史』日本経済新聞社、一九八五年、一八三〜一八六頁）。ちなみに、財界四天王と言われる人たちがいて、小林中《あたる》と三人の子分たちです。三人の子分とは、桜田武日経連（経団連）会長、水野成夫経済同友会幹事、永野重雄日本商工会議所会頭です。そしてコバチユウこと小林中は「一介の素浪人」を気取っています。当時は日本開発銀行総裁です。池田も、この三人と密接な関係を築いています。

相変わらず少数与党で苦労している吉田は、鳩山一郎その人を「他の連中はどうでもいい。君一人が帰ってきてくれればいいんだ。君と喧嘩なんかしたくなかった。君の借金も肩代わりをするよ」と悪魔のささやきで切り崩します。鳩山自由党の大半は吉田自由党に戻っていきました。たぶん鳩山は、最後の「借金の肩代わりをするよ」の一言で友情を感じたのでしょう。ちなみに石橋湛山も鳩山と共に自由党に舞い戻っています。

ただ、三木や河野ら八人だけは戻らず、日本自由党を結成します。当時の大ヒットした黒澤映画『七人の侍』にちなんで「八人の侍」と呼ばれました。

この時、松田竹千代が「この際だからいうが、三木さんにいわれた通り行動して、結果がよかったことなど、ただの一度もない。だから、今度という今度は、三木さんのいう通り行動することは絶対いやだ」と激怒したとの一幕があったとか（河野一郎『河野一郎自伝』徳間書店、一九六五年、二二七頁）。

昭和二十八（一九五三）年三月には、かのスターリンが死ぬという大事件も起きているのですが、その直後に「バカヤロー解散」です。日本の政界はいったい何をやっているのでしょうか。

一応、政策では「今は再軍備も憲法改正もできぬ」とする吉田と、「自分の国は自分で守れ！　占領憲法なんか捨ててしまえ！　自主憲法自主防衛だ！」とする鳩山が激しく争っていましたが、本音は「お前、約束破りやがったな！」「だからどうした？」という完全な喧嘩です。

政策と感情が交錯するのが政治です。

第十三節　池田・ロバートソン会談　軍備よりまず経済

スターリンの死を機に朝鮮戦争は終息に向かいます。吉田は、朝鮮戦争に関係しないことで物を作って売る「朝鮮特需」で日本経済がようやく回復すると考えていました。吉田はアメリカが一方的に守ってくれる日米安保条約を結んできた張本人ですが、いつまでもそれでいいとは思っていません。もっとも、鳩山派に「今すぐ自主憲法自主防衛だ！」と迫られると、ムキになって「今の憲法で何が悪い？」と言い返していたところもありましたが。では、本音はどうだったたか。

吉田首相在任中に海原治（内務省出身の防衛官僚。自衛隊の創設に関わる）が「一体、講和後の日本防衛の組織をどうするのか」と質問したところ、吉田は「そりゃ君、独立国である以上、絶対に必要だ、軍隊的組織は。しかし、それを持つためには、まず経済的な力、経済的な基盤が十分に整うことが必要だ。それからでないと、逆にそういう軍みたいなものを持つことは経済にマイナスだ。……今、幸い芦田〔均〕がそういうことを一生懸命いっとるから、それはあいつに言わせておけばよい。オレは言わないんだ。しかし、それは必要ですよ。当然ですよ」と答えています（大嶽秀夫『再軍備とナショナリズム　戦後日本の防衛観』講談社学術文庫、二〇〇五年、八八頁）。

ここで出てくる芦田とは、前首相の芦田均です。芦田は外務省の後輩でありながら吉田を裏切って片山哲社会党政権を樹立、自分も首相になりました。お互いに毛嫌いする関係でした。長期政権化する吉田内閣に対し、保守の政治家は「いつまでこんな憲法を推し戴いている気か？　自分の国は自分で守るのが当然だろう！」と正論で迫るので、吉田はイチイチいらつくのでした。この「正論」は政権与党の吉田、反主流派の鳩山や三木、保守系野党改進党の芦田、社会党でも右派の西村、つまり政界の八割は共有しているのです。ただ、みんなが正論だと思っていても、「再軍備なんていつでもできるからアイツの邪魔をしてやれ」と足を引っ張っている内に実現不可能になるというのは、よくある話です。

とはいうものの、吉田も一応は本人なりに、やることはやります。昭和二十五（一九五〇）年八月に創設された警察予備隊が二十七年七月に保安隊に改組され、二十九年七月には防衛庁と自衛隊が発足します。いずれも吉田内閣でのことです。「警察みたいなもの」から「海上保安庁みたいなもの」を経て「軍隊みたいなもの」に変貌しました。

さて、吉田が重視した経済です。

朝鮮戦争によって在日米軍による軍需品の買い付けが大量に生じ、兵器の修理なども日本の工場に発注されました。朝鮮特需と呼ばれ、この時期、景気が好転します。

昭和二十六（一九五一）年から二十八年にかけて輸出の五割から七割もの外貨収入が流入し、それが原材料の輸入に充てられて生産増加につながります（樋渡由美『戦後政治と日米関係』東京大学出版会、一九九〇年、三七頁）。しかし、ようやく戦後復興が緒についたところですから、特需ですべて挽回できるというものではありません。戦後、バラックと呼ばれる家を焼かれた人々が急ごしらえで作った建物が立ち並んでいましたが、それがようやくなくなってきた頃です。そんな状態の日本に帝国陸海軍をもう一度復活できるわけがない。というのが、吉田の言い分です。

再軍備を求めるアメリカに、それを断る交渉を任されたのが池田勇人でした。

昭和二十八年十月、アメリカに出張し「池田・ロバートソン会談」を行います。会談で池田は、現行の十一万の陸上部隊を三十二万に拡充するというアメリカ側の要求を退け、二年以内に十八万に増強するという日本側の要求を通しました。

池田はアメリカの思惑を十分に計算に入れていました。アメリカの極東政策において日本は重要な国でした。アメリカは、日本に再軍備してほしいのは山々だが、日本国内の再軍備論を掲げる反吉田派は自由主義陣営の中の日本という集団安全保障の観点を欠いていて、吉田の代わりにはならないと見ています。池田は、吉田派こそがアメリカにとって最も都合がいい選択肢なのだということを切り札に交渉をふっかけました。アメリカにとって池田は手強い交渉相手であると同時に頼もしい実力者でした。

なお、この時の「陸上部隊十八万」は暫定的な目標です。この時点で「ドクトリン」化などしていません。それどころか、当の池田が軍事力無き国家の悲哀をかみしめているのです（『池田勇人とその時代』一三八頁）。

いわゆる「吉田ドクトリン」の代名詞と言えば、「軽武装」です。では「軽武装」とは、具体的に何を指すのでしょう。

アメリカ側が要求した「陸上部隊三十二万人」です。最低限これだけの数がいなければ、首相官邸など政府中枢・羽田をはじめとした主要空港・主要港湾・主要幹線を守れないと考えるのが軍事常識です。ここに成田空港や原発は含まれていません。

国家として最低限の自衛力を持てない。永遠にそれでいいと、吉田や池田が考えたとする史料は、どこにもありません。

なお、アメリカ側の評価です。昭和二十九年七月に池田が幹事長に就任した時、アリソン駐日大使は「池田は吉田の影響を大きく受けているが、過去の政府に見られたいかなるリーダーシップに比べてみてもダイナミックである。極東における日本の役割という観点から見た場合、池田の幹事長就任はアメリカにとって最も重要な進歩といえる」と報告しています。また八月のアメリカ大使館の報告書は池田を「New Strong Man」と形容して池田の政治力を高く評価しています（『戦後政治と日米関係』八〇、八三、九〇頁）。

第十四節　造船疑獄、とうとう首切り役人に

昭和二十八年は春に「バカヤロー解散」があり、吉田は鳩山とじゃれあいながら、池田をアメリカに送り、同年秋、池田・ロバートソン会談が行われました。吉田としては「もうこれで大丈夫だ」と一息つけるかと思っていたら、政界の一寸先は闇で、昭和二十九年

には保全経済会事件、造船疑獄と立て続けに災難に見舞われます。

保全経済会は伊藤斗福《ますとみ》が興した投資会社で、株の暴落に行き詰まり、出資者からの取り付け騒ぎが社会問題となりました。そのとき伊藤が出資金を政治献金としてばら撒いたことが明らかになったのです。伊藤が支払い停止に陥ったのは昭和二十八年十月ですが、翌年一月に逮捕されています。保全経済会の顧問だった社会党の平野力三の国会証言（二月一日）によれば、伊藤は自由党の広川弘禅を通じて、池田勇人と佐藤栄作に三千万円、改進党の重光葵と大麻唯男に二千万円、鳩山一郎と三木武吉に一千万円を、それぞれ献金したということです（有馬哲夫『児玉誉士夫　巨魁の昭和史』文春新書、二〇一三年、一四六〜一四七頁）。

二年後になりますが、昭和三十（一九五五）年三月二十一日付のCIA文書は、三木武吉が重光の「金融スキャンダル」について、かなりの証拠を集めていたとし、この保全経済会事件は三木武吉が敵の弱みを握るために与党政治家に多く資金提供したと見ています（同、一五〇頁）。

吉田自身は娘婿の麻生太賀吉（麻生太郎の父、実業家）より援助を受けられるので金を受け取りませんでしたが、側近の池田や佐藤が受け取りました。

三木は、与党を揺さぶる材料とすると同時に、改進党の重光葵にも賄賂を握らせています。鳩山政権をなんとしてでもつくろうとし、渾身の謀略を行っていました。

そして保全経済会事件とほぼ重なるようにして、造船疑獄が一月に表面化します。造船疑獄とは、計画造船における利子軽減の利権法案制定をめぐる贈収賄事件で、政治家や財界人が多数逮捕されました。

造船疑獄でも池田は疑惑をもたれています。検察は佐藤栄作自由党幹事長、次いで池田勇人政調会長を逮捕しようとしたのですが、吉田は検察庁法第十四条「法務大臣は……検察官を一般に指揮監督することができる。但し、個々の事件の取調又は処分については、検事総長のみを指揮することができる」に基づいて犬養健法務大臣に指揮権を発動させます。検察による佐藤栄作の逮捕許諾請求を、法務大臣が拒否しました。より正確に言うと、吉田が犬養法相に命じて指揮権発動をやらせました。

検察は佐藤を逮捕できず、拒否させられた犬養法相は、責任を取って辞職しました。佐藤は逮捕を免れ、池田にも追及の手が伸びることはありませんでした。しかし、騒ぎが大きくなったので、佐藤栄作は幹事長職を退き、七月に池田が幹事長になります。

こんな状況なのに、「池田の幹事長就任はアメリカにとって最も重要な進歩といえる」

だの「New Strong Man」だのと本国に報告しているアメリカの外交官、大丈夫なのかと心配になります。

長く続いた吉田政権に、国民は飽き飽きしていました。

佐藤も池田も逮捕こそ逃れましたが、吉田内閣の支持率は激しく下がります。それでもなお吉田は内閣の延命を図りました。

ここぞとばかりに鳩山派（というより、三木武吉）が動きだします。三木率いるたった八人の日本自由党が中心となり、与党自由党内の鳩山派で石橋湛山が吉田批判の狼煙を上げ、さらに党内でくすぶっていた岸信介を三木が口説き落とします。これで約四十人。さらに野党第一党改進党七十六人をも糾合します。

昭和二十九（一九五四）年十一月二十八日、日本民主党が結成されます。突如として一一〇人を超える巨大野党ができてしまいました。総裁は鳩山、幹事長には岸。改進党総裁だった重光は副総裁です。ここで政治史の本だと「ここは先輩の鳩山さんがお先に」などと重光が譲ったことになっていますが、とんでもない。前述の如く三木自身の謀略で握らせた裏金をネタに、重光を脅して譲らせたのです。

吉田自由党は引き抜きにあって約一六〇名の過半数割れに落ち込みました。日本民主党が、両社会党と組めば不信任案は可決します。ん？　両社会党？　まるで存在感が無いので忘れたかもしれませんが、左派と右派に分かれ、それぞれ七二人、六六人の衆議院議員を抱えています。むしろ、保守政党が吉田・鳩山の抗争に明け暮れているうちに、議席を増やしていました。

ここで吉田は、自由党総裁の座を緒方竹虎に譲ると声明します。吉田勇退かと思いきや、解散総選挙によって突破を図ろうとします。自由党幹部会が全員解散反対なのに吉田は強行に解散を主張します。

吉田政権を通じて指南役だった松野鶴平は、「吉田君、今に及んでなにを言うのか。総裁あっての党じゃない。党あっての総裁だ。むちゃなことをやるなら総裁といえども除名してしまうぞ」とどなりつけました。

総裁の除名などできるのかと思うかもしれませんが、吉田は石橋湛山や河野一郎をいつでも追い出せるように党規を変更させ、党員の除名決定は党総務会の三分の二以上の出席で、そのうち三分の二以上の賛成があればよいと簡略化してありました。吉田は、自分で自分のクビを絞めたようなものでした。

吉田は閣僚を一人一人呼び出して忠誠心を確かめます。これに真っ向から反旗を翻したのが、緒方でした。

副総理の緒方は「どうしても総理が断行するなら、政界を引退して福岡に帰って百姓をする」と涙ながらに訴えます。

緒方の子分の石井光次郎運輸相は「解散するなら辞表を提出する」と続きます。他の閣僚も同調していきます。

ここで深刻な場面の息抜きに場をなごませる三枚目が登場します。大野派の塚田十一郎郵政相は派閥の解散反対論を知らなかったらしく、解散論をぶったらしいのですが、伴睦先生に叱られて発言を訂正します。コメディのシナリオのようですが、親分の大野伴睦が回顧録に書いているのですから本当にそうだったのでしょう。

幹事長で一の側近の池田は「大勢が反対ならいたし方がない」で、側近第二号の佐藤は「わたしは総理のアトに従います」と言って泣きだしました。しかし、この二人に官房長官の保利茂を加えた三人が吉田に「副総理を罷免しての解散は容易なことではない」と総辞職を進言すると、吉田はプイと席を立って大磯に帰ってしまいました。

この時、池田が「あなたが後継者に指名された緒方さんを罷免することは、総理の見識にかかわる」と涙ながらに進言したとのことです（宮澤喜一『戦後政治の証言』読売新聞社、一九九一年、九九頁）。出典の信ぴょう性に極めて疑問が残る本ですが、他の史料と突き合わせると、吉田に育てられた一の側近の池田が「首切り役人」を務めたのは間違いありません。

そして、総理欠席のまま閣議は、総辞職を決定しました。吉田の総理辞任は、大磯行きが意思表示になっているだけで、正式の総辞職の挨拶は行われませんでした（『日本政治史4』二〇四～二〇五頁、大野伴睦『大野伴睦回想録』中央公論新社、一一四～一二〇頁初版は、弘文堂、一九六二年）。吉田、最後まで性格の悪さをさらしました。

池田は野党暮らしを始めることとなります。

第四章　再び茨の道へ

第一節　池田は本当にハト派だったのか

何ともみっともない、引き際を誤りまくった吉田茂の引退と、政権交代でした。果てしないドタバタの末に昭和二十九（一九五四）年十二月十日、日本民主党を与党とする鳩山一郎内閣が成立しました。

はしゃぎ回る鳩山に対して三木武吉は「保守招集の邪魔になるなら、今日から敵だ！」と宣告、鳩山は「三日くらい総理大臣にしておけよ」と笑ったとか。河野一郎に対しては吉田茂や猪方竹虎も味方になるかもしれない、と宣言しています（重盛久治『三木武吉太閤記　生きた政治史』春陽堂書店、一九五六年、二二一～二二二頁）。三木は次を見ていました。

蔵相は、経済通の石橋湛山ではなく、一万田尚登。吉田派の池田に対抗できる資金力が評価されました。ちなみに、この時点で日本民主党は第二党ですが、左右両派社会党に首班指名で票を入れてもらって、首相になりました。この内閣は選挙管理内閣で、近いうちに解散する約束でした。この時、緒方を吉田の後継総裁に選んだ自由党からも働きかけはあったものの、両派社会党は拒否して鳩山に投票したとのことです（宮崎吉政『鳩山一郎

（日本宰相列伝19）』時事通信社、一九八五年、二〇三～二〇四頁）。

鳩山は約束通り翌年二月二十七日に解散総選挙を行い、民主党は一八五議席で第一党となりました。自由党は一一二議席で第二党に転落します。しかし、民主党も過半数を得られず、鳩山政権は自由党と社会党の間を飛び回る羽目になり、国会運営に苦労します。左派社会党は八九議席、右派社会党は六七議席です。

社会党は、反自由党の立場で首相を鳩山にすることに同意しましたが、いつも協力的であるとは限りません。社会党は自党から首相を出す気がないのに、かといって民主党を支援する気もありません。その証拠に、総選挙直後の衆議院議長選挙では三木武吉が立候補しているにもかかわらず、社会党は自由党の益谷秀次に票を入れて勝たせてしまいます。三木はモーニングまで用意して、議長に当選した時の挨拶をするつもりでいたのに当てがはずれました。首相は民主党、議長は自由党。社会党を味方につけた方が勝つ国会運営に、保守陣営全体が危機感を抱きます。

当時は米ソ冷戦時代です。「ソ連の回し者の社会党と手を組んでいいのか」という空気が財界にも芽生えます。

こういうときは多数派工作を始めるものなのですが、鳩山派参謀の三木武吉が考えたことは違いました。三木は、自由党の一部を切り崩すのではなく、保守同士で合併しようと企てます。しかし、昨日まで自由党と真正面から争ってきた三木がそんなことを言い出してうまくいくのでしょうか。

三木武吉。これまでの人生は性懲りのない男ですが、今や「吉田長期政権に飽くなき抗争を挑んで倒し、あの（ダメ人間の）鳩山一郎を首相にした」と、政界全体で尊敬の的です。

その三木は世間からは節操のない機会主義者と思われていましたが、意外と原理原則主義者です。あらゆる工作を可能にするために何も考えていないオポチュニストを装っていたものの、実は吉田を倒すとき以外には、社会党と組んでいません。

いまでは三木は保守合同の功労者として評価されていますが、保守合同は三木にとって手段にすぎません。本当の目的は自主防衛です。在日米軍が、いつか去っていく日に備えて自分の国は自分で守れるよう防衛努力をしなければならない。自主防衛のためには、ゴミのような憲法は捨てて自主憲法を制定しなければならない。自主憲法をつくるためには、保守の一方が社会党と組んでやっと政権につくような政治をやめなければならない。そして社会党が三分の一以上の議席を持っているようでは憲法改正など永久にできないので、小選挙区制を導入しなければならない。保守合同も、小選挙区制も、自主憲法も、すべて自主防衛の手段なのです。三木は保守合同しかできなかったのですが、自民党政権でおいしい思いをした人たちから「保守合同をやった素晴らしい人」といつしか祭り上げられるようになって今に至ります。

さて、ここで通説です。

通説

鳩山一郎と岸信介は自主憲法と自主防衛を目指したが果たせなかった。
しかし、池田勇人や佐藤栄作は軽武装・高度経済成長に走り、自主憲法や自主防衛を捨ててしまった。特に憲法改正をやらないと宣言した池田勇人は、悪いヤツだ。

この通説のポイントは、鳩山や岸を保守傍流扱いし、吉田茂の後継者である池田と佐藤を保守本流として讃えていることです。この歴史認識で、ハト派は池田を讃え、タカ派は悪者扱いします。

吉田・鳩山抗争の次の世代だと、「岸vs池田・佐藤」の構図で語られるのが常です。あるいは、「タカ派の岸・佐藤兄弟vsハト派の池田」という評価で語られることもあります。

いずれにしても、「池田勇人はハト派だった」という歴史観は政界でも支配的です。池田の派閥は宏池会というのですが、今の岸田派です。岸田派のほとんどの議員は、「池田＝ハト派の保守本流」と思い込んでいます。「岸さんの孫の安倍晋三さんはタカ派だけど、池田さんの伝統を継ぐ岸田文雄さんはハト派の伝統を守らねば」とか言いだすから、私からしたら意味が解りません。

そもそも、「岸vs池田・佐藤」あるいは「岸・佐藤vs池田」だったという歴史観で見るから、日本現代政治史全体が分からなくなるのです。

この宏池会の事務局長は、田村敏雄。池田と大蔵省の同期で傍流、経済通でした。同じく傍流の下村治と三人で所得倍増計画を練り上げていくこととなります。

宏池会には、ブーちゃん伊藤昌哉も新聞社を辞めて職員として就職してきます。事実上は池田の私設秘書です。

第二節　二大政党の主流派が保守合同に走る

さて、鳩山民主党に政権を奪われた自由党で、池田はどうしていたでしょうか。

	日本民主党	自由党
主流派	鳩山一郎（総理・総裁）	緒方竹虎（総裁）
	三木武吉（総務会長）	大野伴睦（総務会長）
	河野一郎（農林大臣）・岸信介（幹事長）	石井光次郎（幹事長）
非主流派	重光　葵（副総理・外務大臣）	池田勇人
	三木武夫（運輸大臣）	佐藤栄作

六年間、吉田茂のもとで常に主流派にいた池田は、失言して大臣をクビになっても要職にいるという重用ぶりでした。独裁者が倒れた時に、それまで寵愛を受けておいしい思いをしていた側近はひどい目に遭わされます。どこかの国なら一族郎党皆殺しです。それよりはマシですが、池田は反主流派に転落してしまいます。

当時の民主党・自由党内の主流派・非主流派は上図の通りです。

本当はもっといろいろと人がいますが、気にしないでください。

旧吉田学校の池田や佐藤は野党反主流派。この時、池田も佐藤も当選四回で、敗戦後のドサクサでなければ大臣になんかなれるはずがないのに、常に要職を占めていました。親分の吉田がいなくなると、冷や飯です。緒方が総裁になったら、ベテランの大野がナンバー2の地位にのし上がりました。緒方の一の子分が石井光次郎です。

一方、政権与党の日本民主党では、半身不随の鳩山一郎をガンで余命いくばくもない三木武吉が支えます。中堅どころとして台頭してきた河野一郎が農林大臣として、政権全体を取り仕切ります。党の要の幹事長は岸信介です。

鳩山派は吉田打倒の過程で、改進党を抱き込みました。その改進党で総裁だったのが重光で、副総理兼外務大臣として遇しました。若手ながら改進党幹事長を長く務めた三木武夫には、運輸大臣の地位を投げ与えました。もともとは別の党だった人間にも気を使わねばなりません。

まずは、この四象限の人間関係を押さえておいてください。

さて、両党の総務会長である三木武吉と大野伴睦の仲は最悪でした。

もともと大野は鳩山一郎の子分で、鳩山が公職追放されてしまったために、吉田茂を総裁に迎えた自由党で党人たちをまとめる係として幹事長に任命されていました。

大野は吉田に「私は幹事長として、総裁のご用は何でもおおせ付け下さい。必ず忠勤を励みましょう。ただ、お断わりしておきますが、私は鳩山一郎の直系ですから、総裁の子分になるわけには参りません。しかし、今日は鳩山先生が追放された以上、その後継者として総裁に出来る限り仕えるつもりです」と仁義を切っているほどです（『大野伴睦回想録』一〇五頁）。しかし、その後は三木武吉が鳩山一郎の最側近になり、吉田自由党に喧嘩を売ってきたので、大野としては、鳩山の子分としての居場所がなくなってしまいました。それで吉田側近になるしかありませんでした。

三木はそんな大野伴睦の選挙区に対立候補を立てて悪口を言い触らしました。大野伴睦が鳩山との決別を「大義、親を滅す」と選挙民に説明したのを、三木は「大義の大は大臣の大、義の字は議長の議であった。これが忠臣伴睦といえるだろうか」と攻撃しました（同、一六三頁）。つまり、「大臣、議長になりたいがために大恩ある鳩山先生を裏切ったのが大野伴睦で〜す」と岐阜まで行って触れ回ったのです。などなど。

しかし、その天敵・大野伴睦に三木武吉は頭を下げに行きます。以下、主に『大野伴睦回想録』（一六〇〜一六六頁）を参考に三木・大野会見についてまとめます。

顔見知りの記者二人が大野伴睦を訪ねてきました。

「三木さんが、あなたに秘密で会いたがっている。ぜひ、会ってやって下さい」

今までの経緯から、大野としては「はい、そうですか」と会うわけにはいきません。

「本当に会う気があるなら、自分で電話をかけてくるべきだ」

「大野さんのいわれる通りです。これから帰って三木さんに電話させます。時間は午前十時きっかりです」

大野は半信半疑で待ちました。三木はこの三十年間、一回だって大野の家を訪ねたこともないし、電話をかけたこともないのです。しかし、その三木が本当に十時きっかりに電話をかけてきました。

「大野君、三木だ。君と二人きりで会い、救国の大業を成就したい」

伴睦殺すに刃物はいらぬ、天下国家と言えばいいみたいな展開で、伴睦先生、落とされました。

そのころ三木武吉はガンで余命いくばくもない体でした。やせ衰えた三木を見て大野は驚きます。三木は、それまでのことを詫びました。そして、「日本はこのまま放っておいたら、赤化の危機にさらされること、自明の理だ。このため、なによりも保守陣営が大同団結しなければならない。僕は今日まで、ずいぶん人をだましてきたが、今度こそ天地神明に誓って私利私欲を去り、この大業を成就させる決心だ。くどいようだが、今度こそ術も施さないし、策もめぐらさない」と涙下りながら説得します。

感激した大野は「ともに力を合わせようではないか」と承諾しました。

しかし三木と大野が和解したところで、昨日まで喧嘩していた両党ですから、利害が対立しています。それを何十回も会談して、すべてを調整しきりました。

当時、保守合同にあたって若い岸信介が焦るのを見て三木が諭しています。「両党の間のゆきがかりとか、感情問題を整理しなければならないから少し時間がかかる。保守合同はうまくやらないと、傷を負う恐れがある。君は将来があるからじっとしておれ、いやなことは俺がやってやる、あまりでしゃばって人の感情を害することをやっちゃいかんぞ」

岸によると、三木・大野のほか岸と石井光次郎の四人で何度も会合したそうですが、会合といっても何もしないで、ただバカ話ばかり。その手口をみて、そういうものかと思ったと語っています（『岸信介の回想』一一六頁）。

第三節　自民党に入った深謀

三木と大野が雪解けし、両党の主流派の間で話が進みます。しかし、それぞれの党に反主流派がいます。自由党の反主流派は吉田側近だった池田勇人や佐藤栄作、民主党の反主流派は三木武夫です。

吉田学校の池田や佐藤は「三木武夫のような社会主義者と組めるか」と反対し、逆に三木も「池田や佐藤のような官僚体質丸出しの連中と組めるか」と反発しました。そんな反対もなんのその、両党の主流派がどんどん進め、外堀を埋めていきます。三木と大野が主導して利害調整が進むのですが、困ったのは総裁をどうするかです。これだけは鳩山も緒方も譲りません。

しかし伊達に長生きしていない大野、戦前の政友会に「総裁代行委員制」のあったことを思い出しました。総裁を決めずに鳩山、緒方、三木、大野の四人が代行委員を務めることで決着します。

幹事長は岸信介が民主党幹事長からそのまま横滑りします。鳩山の後は緒方、緒方の後は岸という路線がここで出来上がりました。鳩山は年齢や健康状態からどうせ長くはやらないという見通しもあったでしょう。

民主・自由の両党を足すと三〇〇人に迫る大与党ができあがります。吉田学校の教え子たちは悩みました。合同した暁には、その大政党に入るのか。

佐藤栄作は「吉田茂がいない、鳩山が総裁の党なんかに入れるか！」と入りませんでした。佐藤栄作の一の子分の橋本龍伍（橋本龍太郎の父、橋本岳の祖父）も入りません。

昭和三十（一九五五）年十一月、自由民主党が結成され保守合同がなります。すでに十月に左右に分かれていた社会党が再統一し巨大野党を形成していました。

吉田系が三十人程度で第三党を形成しても、どうにもなりません。長いものには巻かれろで、吉田、佐藤、橋本の三人以外は、池田をはじめ全員が自民党に入りました。

民主党の非主流派の三木武夫もちゃっかり自民党入りします。三木武夫は「常にバスが走ることに反対するけれども、いざバスが走りだしたときには必ず運転席に座っている男」です。三木の人生、一事が万事この調子なのですが、そういえば著者名を思い出せませんが『政争家三木武夫』という、おどろおどろしくて素晴らしい本があります。ご一読を。

さて、自民党が出来上がってみると、鳩山と緒方に連なる人たちが主流派です。池田や三木武夫は非主流派です。

そこで池田はどうしたでしょうか。いきなり三木武夫と仲良くしだします。この時の言い分は、「自由党の本流はおれだ。改進党系の本流は三木武夫だ。だから本当の保守合同はこの二人が手を握ることにあるんじゃないか」（石田博英『石橋政権・七十一日』行政問題研究所、一九八五年、一二五頁）です。正確には、この発言は翌年の自民党総裁選の時に石田博英に言ったセリフですが、細かいことは気にしないでおきましょう。

まあ、あぶれモノ同士、昨日までの対立を忘れて手を組むのは理にかなっていますが……。

ただし、この時の池田は、節操なしに昨日の敵と手を組んだのではなく、未来を見据えていました。

第四節　吉田がアメリカならオレはソ連だ

吉田茂はアメリカと交渉してサンフランシスコ講和条約を結びました。吉田の最大の功績です。吉田のライバル鳩山一郎はそれに対抗してか、ソ連と交渉をはじめます。アメリカは唖然とします。もっともアメリカ側としても反抗する鳩山一郎が生意気だとして公職追放した後ろめたい過去がありますが。

鳩山一族には「鳩の本能」とでも言うしかない、政敵の反対をやる性癖があります。この場合の鳩山は「吉田がアメリカなら、オレはソ連だ」です。ただし、鳩山一郎もバカではないので、色んなことを考えています。それに総理大臣が鳩でも、日本国には官僚機構があって、色んな人の思惑で政治は動きます。

この時点で、大戦末期のソ連の裏切りによって拉致されたシベリア抑留者五十万人が、まだ極寒の地で奴隷労働をさせられています。北方領土も取り返さないといけないというのも、日ソ交渉のまっとうな動機です。

ただし、当時は米ソ冷戦時代。いくらシベリア抑留者を取り返さなければならないとはいえ、ソ連の出してくる条件をホイホイ呑むわけにはいきません。実際にソ連は「北方領土を返してほしければアメリカ軍を日本から追い出せ」などと要求してきました。しかも、なんと鳩山内閣は危うく「ＯＫ！」と言いかけました。

彼らとソ連の関係はかなり怪しい。鳩山一郎のひ孫はモスクワ大学経営管理学部客員講師として招かれています。また、いまをときめく河野太郎の祖父・河野一郎も四月に日ソ漁業交渉のためモスクワに行き、昭和三十一（一九五六）年五月十四日に日ソ漁業条約に調印しているのですが、功をあせった河野農相が自ら二島返還を持ち出し、ソ連側から提案されたことにしてほしいなど、ある意味で売国的な交渉をしていました（名越武郎『クレムリン秘密文書は語る　闇の日ソ関係史』中公新書、一九九四年、一八四、二一三〜二二三頁）。

そして、鳩山内閣が日ソ交渉をしていたちょうど同じ時期の七月、エジプトのナセルがスエズ運河国有化宣言を行うと、英仏とイスラエルが組み、ソ連の手下のエジプトと喧嘩を始めました。スエズ戦争（第二次中東戦争）です。中東利権を守りたい英仏がイスラエルを守るためと称してエジプトに攻めかかったわけですが、なんと突如として米ソが手を組んで英仏に対して、「中東から手を引かないと核を落とすぞ」と恫喝を始めました。冷戦期、米ソが歩みをそろえた唯一の事例です。

同時並行で同年十月、ハンガリーで民主化を求めた暴動が起こり、ソ連が介入しますが、アメリカはハンガリーを見捨てます。アメリカも口では「ハンガリーの自由を侵害するとは何事だ！」と文句を言うけれど、実際には何もしない。「ハンガリーはソ連さんの持ち物ですから、私どもは手出ししません」との取引が行われていたからです。

スエズ問題でソ連に協力させる見返りでした。ハンガリーの人たち、完全に時機を見誤りました。

日ソ交渉が行われたのは、米ソ冷戦の真っただ中にあって瞬間的に米ソが手を組むという奇跡的な時期だったのです。

それまで日本が国連に加盟できなかったのは、日本が国連への加盟を申請すると、ソ連が拒否権を行使したからです。

この間、外相の重光は「アメリカの機嫌を損ねないか」と冷や冷やでした。

さらに吉田直系の池田や佐藤は、事あるごとに鳩山内閣の交渉にケチをつけます。「日ソ交渉ではなく日日交渉」などと揶揄されました。もっとも外交は相手国との交渉だけでなく、国内をまとめるのも同じくらい大事なので、鳩山が苦労したのは世の常なのですが。ところで日ソ交渉の最中、昭和三十一年一月に緒方竹虎が急死してしまいました。緒方の死は石井のように近い人々にとっても驚きであったようです（『私の履歴書　第四十五集』日本経済新聞社、一九七二年、六七頁）。

自由党総裁だった緒方が亡くなったので、四月には鳩山一郎がすんなりと初代自民党総裁に選ばれました。

ちなみに同年七月、本書の重要脇役がもうひとり消えました。三木武吉です。十月十九日の日ソ国交回復に関する共同宣言調印を見届けることなく逝きました。翌年の一月には重光葵も狭心症の発作で急死します。六十九歳でした。

池田はといえば、日ソ交渉に関しては徹底的に反対です。アメリカとの関係を重視すべきだという吉田茂の意向に従って、十一月末の日ソ共同宣言の衆議院採決には欠席しています。

とはいえ主流派の鳩山が押し切り、十二月十八日、国連総会で日本の加盟が認められ、鳩山の花道を飾ります。鳩山は聞き分けだけは良かったらしく、吉田のような醜態をさらすことなく退陣しました。

第五節　「八個師団」の複雑な合従連衡

鳩山一郎の後継者として最有力候補だったのは岸信介です。岸は鳩山のもとで民主党と自民党の幹事長を務めていました。そして旧自由党系で緒方の後継者は石井光次郎です。ですから岸と石井、この二人が有力候補と思われていました。

さて、池田勇人の選択は？

党内勢力図を見てみましょう。

自由民主党になっても、鳩山民主党vs吉田自由党の構図は引き継がれます。ただし、鳩山後継をめぐり、敵味方が入り乱れます。

吉田学校の双璧は池田と佐藤、この頃には並び立っています。佐藤も意地を張らずに自民党に入りました。

鳩山直系は河野一郎ですが、それを岸信介が支えている形です。また追放解除後の石橋湛山は鳩山派の幹部となっていました。

旧民主党				旧自由党			
鳩山一郎				吉田茂		緒方竹虎	
↓				↓			
三木武夫	石橋湛山	河野一郎	岸信介	佐藤栄作	池田勇人	石井光次郎	大野伴睦

石橋と河野は吉田内閣で同時に自由党を除名されている反吉田派の急先鋒でした。

三木武夫は、ちゃっかり領袖八人の一角を占めています。

この第一回自民党総裁選のときの八派閥が「八個師団」と呼ばれるようになります。この頃から二十人を超える規模の国会議員集団が派閥と認識されるようになっていきます。なお、石橋派だけは十人程度でした。ただ、今日のように厳密に組織化された派閥はなく、各議員が特定の派閥に所属しているという意識はあまり強くありません。そのため複数の領袖とつながりを持つ議員もいました。だからこそ工作の余地がある。

大まかにとらえて、この時点で岸と河野は主流派です。そして佐藤は岸の実弟なので岸につく。それによって図の中央部が最有力の派閥群となります。

旧自由党の最大派閥である緒方派を引き継いだ石井には「反官僚」の大野伴睦がつきます。石井は朝日新聞の重役になる前は内務省の官僚だったのですが、そんな細かいことを気にしないのが日本政治。大野は石井と「党人連合」とか言いだします。

三木と石橋は自由主義者で思想が近いので共闘します。

さて池田勇人はこの三つのうち、どれと組むのか。結論を先に言いますと、三木武夫と組みます。というか、この時を見据えて、三木と組んでいました。

いまさら河野・岸らの民主党グループには入れません。佐藤は岸の弟ですからゆきがかりは問われないでしょう。それに吉田が自民党に入らなかった時、殉じているので義理は果たしています。吉田自身は河野を死ぬまで憎んでいましたが、そんな細かいことを佐藤は気にしないフリです。

対して、池田の場合は昨日までの敵の河野と組めません。

周囲からは池田は石井・大野側につくと思われていました。しかし、石井は緒方から引き継いだ一〇〇人を超える派閥をまったくまとめられません。

一方、最弱小勢力と思われた石橋には、石田博英という凄腕の選挙参謀がいました。この石田が石橋・三木・池田の三人をつなげるべく動きます。

結局のところ総裁選には岸・石井・石橋の三人が立つこととなりました。

石橋・三木・池田の三派が連合したことも大きいですが、参謀石田の猛烈な多数派工作により、石橋の支持者はいつのまにか石井より多くなっていました。

このとき各陣営が多額のバラマキをしたと言われますが、石田は否定しています。

三派の選挙資金について「岸派三億円、石橋派一億五千万円、石井派八千万円」という金額が書かれていたため、これが事実であるように広く流布した。しかし、石橋派についていえば、ここに書かれた半分にも満たない。

（『石橋政権・七十一日』一一九頁）

ジャーナリストの土師二三生は「興味深いのは、岸、石橋、石井の三派が支弁した金額と、獲得した得票数の割合が、ほぼ正比例しているという事実である」（『人間池田勇人』二三四～二三五頁）と書いています。金額については諸説あるので「正比例」かどうかわかりませんが、諸説いずれも金額が大きい順に岸、石橋、石井ですので、支出額の大きい派閥ほど得票率が高かったという意味では、その通りです。

また石橋派は十八しかない閣僚ポストを六十人に約束したと言われます。通産大臣は五人に、農林大臣は八人に与えられたとの説も。その約束を果たすために三十年ぐらいかかります。

これについても石田は否定しています。

後に、私が「大野副総裁」を約束したとか、六十余も閣僚ポストを約束したとか、参議院から三閣僚とることを約束したとか、まことしやかに伝えられた。しかし、私がこのような約束をした事実は一切ない。（『石橋政権・七十一日』一二七頁）

投票権者は衆議院議員・参議院議員のほか各都道府県連の会長もいます。参議院や地方議員には派閥の影響があまりなく、まったくの草刈場でした（同、一二六～一二七頁）。地方から県連会長や国会議員が上京すると、派閥の運動員が東京駅や上野駅、羽田空港で待ち構えていて「拉致」します。一流ホテルに缶詰にして飲ませ食わせ抱かせと総裁選当日まで部屋から一歩も出さない。このようなエグい選挙なので、石田の弁解はまったく信じられません。

この総裁選挙、実は大政党の総裁を決めるために行われた選挙としては初めてのものです。初代総裁の鳩山一郎もいちおう選挙によって選ばれたのですが、圧倒的多数を得ての総裁就任だったので、事実上無投票のようなものです。ですから実質的に選挙で総裁の座が争われたのは、この時の総裁選からです。

戦前も板垣退助が自由党を、伊藤博文が政友会をつくったりしていますが、創設者が総裁になるのはともかく、後継者を選ぶに際しても一度として選挙など行われたことがありません。もう一つの二大政党の民政党も然り。

戦前の政党人事は民主的でなかったと言われればそうなのですが、いざ民主的な選挙をしてみたら、語るも無残な状況になってしまいました。「党」の選挙なので公職選挙法は関係ありませんから、何をやってもいい。接待づけにしても、いくら金を配っても、法律上は問題にならない。

また、明確な立候補制ではなく、立候補していない人に票を入れることも可能でした。

昭和三十七年にはわずかですが「吉田茂」に票が入っていますし、昭和四十一年には佐藤に投票したくない前尾派が立候補していない親分の前尾繁三郎に投票したため、四七票も入っています。

この第二回総裁選にしても鳩山が後継者を指名すれば、それで通ったのです。岸は当時を振り返って言っています。「鳩山さんは後継総裁の問題にタッチするのはいやだ、ということでリーダーシップをとるのを避けられた。党の方からいえば私に義理があると思うんだけれど、一方鳩山さんは石井君とは親戚の関係にもなっているんだね。それでとうとう二人の他に石橋さんが立つという、あんなことになってしまった」（『岸信介の回想』一五五～一五六頁）。

また岸は「総裁選挙をやめなければだめです。制度としてはあってもいいが、実際には辞める総裁が後任の候補を選んで、それを党の長老その他に諮り、議員総会では拍手で承認するというのが望ましい」（同、二六〇頁）とも言っています。昭和五十四～五十六年のインタビューなので、福田赳夫から大平正芳へバトンタッチされる当時の総裁選を見ての感想ですが、自分の時代の総裁選も頭をよぎっていたことでしょう。

第六節　石橋湛山の迷惑な潔さ

話を岸・石橋・石井の総裁選に戻します。第一回投票で、岸二二三票、石橋一五一票、石井一三七票。岸は当然のように一位ですが、二位は予想に反して一〇人たらずの小派閥の石橋です。一〇〇人の派閥領袖である石井に勝ちました。どれだけ石井が無能なんだか。

大野伴睦がまじめに動いていません。逆に石橋派の石田博英が猛烈に押しまくり、つられて三木と池田も行動しました。勝てそうだとなると勢いが出てくるものです。

しかし、この時点で石橋は二位です。

ここで石田があらかじめ仕組んでいた奇策が効いてきます。石橋陣営と石井陣営で二位三位連合を組み、三位になったほうは決選投票で二位の候補者に投票すると決めていたのです。その結果、決選投票で、石橋二五八票、岸二五一票、無効一票。なんと七票差で石橋が勝利します。

複雑な合従連衡と接待づけ金権選挙の末、昭和三十一（一九五六）年十二月二十三日、石橋内閣が成立します。総裁選挙の立役者たちで、石田官房長官、三木幹事長、池田大蔵大臣がトリオを組みます。

これで最も青ざめたのはアメリカです。占領下、まったく非のない石橋に対して鳩山以上に露骨な公職追放をしている後ろめたさがあります。

しかも、吉田がアメリカ、鳩山がソ連なのに対して石橋は「中国と国交を」と言いだしました。

このとき、なかなか組閣がまとまらず揉めに揉めたので、石橋首相はとりあえず全閣僚を自ら兼任し天皇陛下に報告する形で宮中で親任式を行い、後で大臣を選び直しています。

実質的に一位なのに総裁を出せなかった岸派は怒り心頭です。「閣僚を一人も出さずに徹底抗戦だ。内閣をつぶしてやれ〜」と叫ぶ一群と、逆に「閣僚の半分をよこせと要求すべきだ」と主張する一派と、両極端な意見に分かれていました。

結局、岸が副総理・外務大臣として入閣しますが、ここで報われないのが石井です。総裁選で石橋に味方する見返りが副総理就任だったのですが、岸にポストをさらわれてしまいました。石橋としては、岸派は最大派閥なので敵に回すわけにはいきません。怒った石井派と大野派が反主流派に回ります。

組閣から前途多難。石橋内閣を支える派閥は党内少数派なので、いずれ近いうちに解散総選挙をしようと動いていました。吉田茂がそうであったように、解散総選挙を行った総理大臣は強い権力を手に入れる。自分の派閥を増やせるからです。

ところが、悲劇に見舞われます。

石橋は全国遊説や予算編成などの激務が重なり、また昭和三十二年一月二十三日、母校早稲田大学での総理就任祝賀会で、お祝いを受ける側が外套を着るわけにはいかないと薄着で臨んだため風邪をひいてしまいました。ついには肺炎を起こし、言語障害も併発。二月二十三日には辞意を表明しました。

主流派の池田や三木からしたら、「え？・？・？・」です。

石橋はもともとジャーナリスト・言論人でした。昭和五（一九三〇）年に浜口雄幸首相が銃撃されて重症を負い国会に出られなくなったとき、「議会運営に支障をきたすから退陣すべきだ」と『東洋経済新報』の社説で迫った過去があります。

そして今、自分も同じような状況になり、「当時の読者を裏切れない」と辞めてしまいます。

結局、石橋は心情的には政治家ではありませんでした。こういう時、政治家ならば過去の言動との矛盾を指摘されても「修練による心境の変化です」くらい言い張らねばならないのです。

政治家が言論人ぶってはいけません。石橋本人は己の言論を貫いて満足したかもしれませんが、さわやかすぎる退陣は周囲にとってはハタ迷惑です。

石橋は当時七十二歳、高齢の体で無理をして病気になってしまいましたが、医師の診断は「約二か月の静養加療を要する」でした。要するに、休めば治る病気だったのです。実際に石橋はその後十六年、昭和四十八（一九七三）年四月二十五日まで生き、十五歳わかい池田勇人のほうが八年も先に死んでいます。もっとも、死後解剖で内閣総辞職したときの石橋の病気が脳血栓であったことがわかっていますから、そのまま続けていたら寿命を縮めることになったのかもしれませんが。

とにもかくにも、最も驚いたのは突然首相の地位が降ってきた岸でしょう。

第七節　岸内閣成立、池田は再び反主流派に

石橋が辞職したので副総理の岸が首相になります。幹事長の三木がうまく運びました。最近だと、第二次安倍政権の退陣が上手だと記憶に新しいですが、第一次内閣の病気退陣が地獄絵図だったので、「安倍さんは総理を二回やって、病気退陣のやり方はうまくなった」とは言えそうです。しかし、昭和時代は病気退陣をうまく取り仕切ったなんて、誰も褒めてくれませんでした。

とにもかくにも、後継首相の岸は全閣僚を留任させます。池田も蔵相に留まります。

しかし七月に内閣改造をして、自前の内閣をつくり上げます。このとき石橋を支えた池田や三木が、また反主流派に転落します。池田勇人は二年間反主流に耐えて、やっと主流派に舞い戻ったと思ったら、半年でまた反主流派となってしまいました。

宿敵の一万田は蔵相に返り咲きです。岸には鳩山内閣の時代から数千万円の献金をしてきた功績と噂されました（『政界金づる物語』二〇三〜二〇四頁）。

池田の後援会組織である宏池会が発足するのはこの年、昭和三十二（一九五五）年のことです。「宏池」は漢学者の安岡正篤という人が決めました。「今は不遇かもしれないけど、堂々として機会を待て」くらいの意味です。池はもちろん「池田」にちなんでいます。池田派の正式名称となります。

翌年の昭和三十三年五月、岸は解散総選挙を断行します。このとき池田派の多くは川島正次郎幹事長の嫌がらせで自民党公認がもらえませんでした。川島正次郎といえば、平成三十一〜令和元（二〇一九）年の大河ドラマ『いだてん〜東京オリムピック噺〜』で浅野忠信が演じていた何かと主人公の田畑政治（演・阿部サダヲ）を邪魔する嫌な政治家です。

池田はめげずに、知名度の高さを生かして自派の候補者の応援演説のために全国を飛び回りました。この選挙で八十人以上の候補者の面倒を見ています。他派であっても、将来の布石として三十万円ぐらいの陣中見舞いを贈った者三十数人、ある大物に対しては五百万円も投資したといいます（『人間池田勇人』一四九頁）。その結果、池田派は岸派の五七人についいで五〇人の当選者を出し、実力を見せつけます。

これを可能にしたのは、池田の資金力です。派閥領袖の中で池田が断トツだったとか(『政界金づる物語』二一一頁)。

トップを目指す組織人の鉄則のひとつは「反主流派のときこそ力を蓄えろ」です。池田はこの鉄則どおりに着々と力をつけていきます。

第二派閥に躍進したのだから大蔵大臣に入閣かと期待していましたが、蓋を開けてみれば、どこの省庁も担当しないヒラの国務大臣にされました。

第二次岸内閣では池田派からの入閣は池田勇人だけです。三木派は三木武夫が経済企画庁長官兼科学技術庁長官に就いただけ。石井派も灘尾弘吉文部大臣ひとりです。石橋派にいたってはゼロ。反主流派を干し上げる内閣をつくりました。

これは意地悪ばかりではなく、いたしかたない面もあります。主流派の岸首相・佐藤蔵相の兄弟に対して、大野・河野は「お前らが政権を取れたのはオレたちのおかげだろ」との態度を取り、実際にそうなので彼らに大臣ポストを投げ与えざるを得ません。そして、自派の議員にもポストを与えないと自分の派閥が崩れてしまいます。

そうなると反主流派に回せるポストなどあまり残りません。

一般的に岸信介は、元A級戦犯つまり戦前からの有力者であって、往々にして強いリーダーシップを発揮していたようなイメージを持たれています。それに安保闘争のときの首相なので、強権的な総理大臣というマスコミの作り上げたイメージが、いまだに再生産され続けていますが、実は弱体内閣です。自民党内の半分が敵対派閥ですから、その調整に大変に苦労した人なのです。

第八節　岸に辞表を叩きつけ、総裁選で心胆寒からしめる

第二次岸内閣は「暴力、汚職、貧乏の三悪追放」をスローガンに掲げていました。このうち貧乏追放は次の池田内閣が所得倍増で実現することになりますが、岸が闘ったのは、まず「暴力」でした。

デモという集団行動で法を無視しながら正当であるかのような形の暴力が横行していて一般の市民生活が脅かされていました。しかも憲法の名のもとに暴力をふるう。警察官が取り締まろうとしても警察官職務執行法（警職法）の制限があって実際上なにもできないので、法の改正を試みました。従来、質問できるだけだったのが、凶器や所持品を調べることができるなど、警察官の職務執行にあたっての権限を拡大しようとする改正案です。警職法の改正案には社会党が強く反対しました。基本的人権が危うくなるというのです。

戦前、治安維持法に痛めつけられた連中なので、これが成立したら政治活動ができなくなるのではないかと過剰反応しました。いわゆる「進歩的文化人」も反対します。マスコミも警察国家になるというような批判を書き立てました。「新婚の枕元で臨検する」などとも言われました。

昭和三十三（一九五八）年十月八日、政府は警察官職務執行法改正案を国会に提出します。

などと書くと真面目な話のように思われますが、要するに反対派は岸に対して「お前は東条内閣の閣僚だっただろ！」とムカついているだけです。別に起訴されてすらいないのに、岸には死ぬまで「A級戦犯」の汚名が付きまといました。東条英機の傲岸は忘れようにも忘れられませんから「あんだけ威張っといて戦争に負けたのは誰のせいだ？　その東条内閣の閣僚だった岸が、また同じようなことをやるのか？」と思っているので、岸が何を言おうが聞いてもらえるわけがないのです。

ところで日本の見苦しい国会のあり方、なんとかならないのかと思う人は多いのではないでしょうか。そのルーツがここにあります。池田秘書の伊藤昌哉によると、法案が上程される。社会党がこれを流産させる。流産させまいと、会期を延長しようとする。延長には衆議院本会議の議決が必要である。与党の議長はこれを強行しようとする。そこで議長のうばいあいになる。社会党は議長を議長席につかせない。議長は席につかなくとも、「賛成多数、可決いたしました」ということが速記にのこっていれば、あるいはそう言ったと議長が言って国会の多数派がこれを認めれば、延長が可決される。社会党はかならず会期の無効を主張する。混乱した事態がつづく。……

こういうケースは、このあともしばしばくり返されるのだが、この十月八日にはじまった警職法問題を契機とする変則国会は、そのパターンをつくった最初のケースであった。

（『池田勇人とその時代』六三頁）

だそうです。

警職法の審議をめぐって総評、全労、中立労連がいっせいに組織したデモが国会をとりまきました。それればかりでなく文化人、芸能人の団体までが反対のデモに参加しました。社会党議員は登院拒否。揉めに揉めた末、十一月二十二日、警職法は審議未了となりました。

この間、池田はアメリカにいました。シアトルで開催された低開発国援助のためのコロンボ会議に出席したり、アメリカの中間選挙の直後だったので、大勝した民主党の幹部と話をしたりしています。しかし、池田は毎日電話で国内情勢を確認していました。

池田はすべてが終わった十一月二十七日に帰国し、「事態の責任を明確にし党の姿勢を正そう」と三木と灘尾に呼びかけます。反主流派三閣僚に辞表を叩きつけられて、岸は震えあがりました。

党内の反岸派の動きに対抗して岸は三月の予定だった自民党総裁選を前倒しして一月に行います。総裁選は現職が有利です。圧倒的な多数差をつけて当選するのが当然で、もし現職総理総裁が二位に対してダブルスコア（二倍）の票しか取れなかったら近々退陣と見たほうがいい、というのが自民党政治の常識です。

池田や三木に推されて、長老の松村謙三が立候補したのは、投票の三日前でした（佐高信『正言は反のごとし　二人の謙三』講談社文庫、一九九五年、八五頁）。それでいながら岸はダブルスコアならず。いちおう岸が勝ちますが、池田と三木は反主流派の実力を誇示し、ここでも岸の心胆を寒からしめました。

岸信介は安保改定を政権の至上命題としていたのですが、このように党内の敵対派閥に小突き回されています。

岸は総理総裁を退いて二十年以上たってからのインタビューで「いま総理をやってくださいと言われたらどうしますか」と聞かれ、「総理は務まるかもしれんが、党総裁は務まらんよ（笑い）」と答えています（原彬久『岸信介証言録』毎日新聞社、二〇〇三年、三八八頁。インタビューは一九八二年六月）。

党内派閥の軋轢に苦労した岸の本音でしょう。逆に岸政権が弱体だから反主流派に落ちた池田が生き残れたとも言えます。

第九節　主流派と反主流派の入れ替え　池田、突如として入閣

岸政権の主流派はこれまで岸・佐藤・河野・大野でした。そして、反主流派が池田・三木・石井。主流派の中が一致団結していたかというとそうでもなく、大野と河野はスキあらばポストを要求してきます。そこで岸は大野・河野を切り捨てて、池田・石井に主流派を入れ替えようという荒業を考えはじめます。その裏で工作をしているのが、元首相の吉田茂です。

吉田は当時の日本にはアメリカについていくしか道がないと思っていました。鳩山はソ連、石橋は中国との関係改善を図りましたが、そんな中途半端なことをしていたら日本は

生きていけないと考えています。吉田はサンフランシスコで講和条約と同時に日米安保条約を結んだけれども、未来永劫これでいいと思っていたわけではなく、岸の安保改定は吉田の希望でもあったのです。

ここで吉田が結んだ旧安保条約と、岸が新たに結び直し今に至る新安保条約の違いです。

旧条約＝アメリカが日本を守る
新条約＝アメリカが日本を守る。代わりに、日本は在日米軍基地を守る

国と国の関係で、一方がもう一方を「一方的に守る」とは、「支配する」と同じことです。吉田は、とにもかくにも日本の独立を回復しなければならないと、支配関係を受け入れていました。だから、これを正さねばならない。しかし、アメリカと対等の同盟関係となると、世界中に軍隊を出すのか？　そんなことをしているのは、イギリスくらいです。だからイギリス以外の他の国は「できることをやりましょう」と、それぞれアメリカと条約を結んでいます。日本の場合はそれが「在日米軍基地を守る」です。ともかく、一方的な従属関係は解消しよう、というのが岸の至上命題であり、吉田も陰で応援していたので

す。その結果が、自分の子飼いの池田を岸に協力させることです。

それだけなら美しい話ですが、吉田の本音は河野一郎が大嫌い。岸の安保に池田を協力させようという崇高な建前と「河野だけは許さん」というむき出しの本音とどちらが真相か……は、たぶん両方とも本当です。そして、どちらの動機が強かったのか、たぶん吉田本人にもわからなかったのではないでしょうか。世の中、私憤に公憤を混ぜて正当化する天才は多いですし。

この年（一九五九年）の六月、参議院選挙がありました。池田は応援演説で所得倍増政策を説いて回ります。伊藤昌哉によると、池田は新聞記者との雑談などから庶民の感覚をつかみ所得倍増政策の形につながっていったと言います。のちに理論的に深めていくのは下村を中心とする経済ブレーンですが、参院選での遊説先で国民の反応を感じながら自信をつけていきました（『池田勇人とその時代』七八～八一頁）。

余談ですが、岸は回顧録で、この選挙で社会党の得票率が減少（戦後政治において初めて）したこととともに「創価学会の候補者が全員当選したこと」を特記しています。「強固な一枚岩組織と統制力は、かつてのナチスの抬頭を思わせるものがあった」とも（『岸信介回顧録』四八六頁）。

選挙後も池田は「岸内閣には絶対に入らない」と宣言していました。岸も当初は河野・池田両者を入閣させるつもりだったのですが、河野は入閣を断り「幹事長ポストをくれ」です。河野は、「池田は絶対に入閣を承諾しないだろうから、最後はオレに頼んでくる」との思惑から高い要求をふっかけたのです。

当時、幹事長は総裁派閥から出すものでした。総裁は総理大臣ですから党務の細かいことなどまで面倒をみていられません。代わりに党を預かる人が幹事長です。ですから敵対的人物が幹事長に就任したら党を乗っ取られたのと同じで党運営が非常にやりにくくなります。

しかし河野は「オレを信用できないのか」と一番信用できないヤツの常套句を吐く。困った岸は池田を口説きます。

そのあとの経緯はいろいろなバージョンがあって、それぞれに面白いので併記しておきます。

まず、伊藤昌哉『池田勇人とその時代』（八三頁）です。岸は参院選での池田の主張を聞いていて、「君の政策を実現するためにも、ぜひ、通産大臣になってほしい」と依頼してきました。そして、池田は所得倍増政策実現のために入閣しました。

これが『岸信介回顧録』（四九〇頁）になると、全然違います。河野に続いて池田にも入閣を断られた岸は池田に「こうなったら内閣を投げ出さざるを得ない。今までのいきさつから次は大野内閣だが、それでもいいのか？」と、訳の分からない脅しを始めます。その後、池田は入閣を承諾しました。

また福田赳夫『回顧九十年』（一二七～一二九頁）によると、岸は福田を大蔵大臣にしようとしていましたが、佐藤がどうしても辞めないと言うので、福田を通産大臣に回します。福田がそのつもりでいると岸に呼び出されました。「いま池田君がやってきて『私はかつて（貧乏人は麦飯を食えという発言をとがめられ）国会で不信任案を可決され、通産大臣を辞任しました。なんとか恥をそそぎたいので、ぜひ通産大臣をさせてもらいたいのだが』と、泣くがごとく訴えるがごとくだった。ホロリとさせられてね」と言われた福田は、結局、農林大臣に落ち着きました。池田は原案では経済企画庁長官だったとか。

どれを信じるかは読者のみなさんにまかせます。一般社会の評価は株価が示しています。十七日は「河野入閣」でダウが下がり、翌十八日は「池田通産相出現」で上がりました（『人間池田勇人』二六三頁）。

このときの池田入閣には側近たちがすべて反対しました。「池田が重大な決断をするときは、いつも側近に反対される」の法則があるのですが、池田はこうと決めたら断固として実行します。

なお『岸信介回顧録』の「今までのいきさつから次は大野内閣」ですが、実は岸は同年一月に大野、河野と安保改定に協力してくれたら後継総裁には大野を推すとの約束をし、誓約書に署名していたのです。署名は岸、大野、河野、佐藤の連名で、右翼の親玉の児玉誉士夫ほか二人の財界人を立会人にしています。

大野伴睦によると大野の次は河野、河野の次は佐藤と、次の次の次まで約束してあったといいます（『大野伴睦回想録』一四八頁）。

先取りしますと、結局、岸はその約束を反故にし、次の総裁選では池田が選ばれることになります。岸の言い分は、「大野・河野が全面的に協力することが前提である。河野はわがままを言い、入閣を拒否した。あいつらがこの約束を違えたから、誓約書はその瞬間に無効になったのだ」です。

ところで三閣僚の辞任後、池田が閣外にいた昭和三十四年五月のことです。岸内閣で幹事長だった福田赳夫は、岸内閣で「所得倍増計画」を手がけたいとして大蔵省官房長の石野信一に「大蔵省に異存はあるか」と尋ねます。所得倍増計画を唱えはじめた池田を取り込もうとの狙いもありました。石野は森永貞一郎大蔵次官に福田の申し出を伝えると、森永は承諾します（水木楊『思い邪なし　下村治と激動の昭和経済』講談社、一九九二年、一二四～一二五頁）。

森永は後に、東証理事長と日銀総裁を務め、大蔵省ＯＢの中で「ドン中のドン」となります。石野とともにＯＢとして君臨し、「森・石ライン」と言われます。この二人は池田系です。占領期に池田や大蔵省と犬猿の仲だった一万田尚登が岸内閣で蔵相としてきても抵抗し、むしろ日銀に対する大蔵省の優位を取り戻します。「森・石ライン」が池田に連なり、高度経済成長に賛成だったという事実は、特記しておくべきでしょう。特に今の財務省なんか、「経済成長をさせるのが大蔵省の伝統」という歴史を知らないのではないでしょうか。

六月の参院選挙前の閣議では「十年間で所得を二倍にする長期計画」を策定する方針を決定し、所得倍増政策は岸内閣でスタートするかに見えました。しかし、大蔵大臣の佐藤栄作が反対したので実現しませんでした（同、一二四～一三〇頁）。

これをもって所得倍増政策は岸内閣がはじめたのだと言う人がいますが、言い出しっぺが誰か、着手したのが誰かはそれほど重要なことではありません。池田にしても、新聞記事や記者との雑談で得た発想なのです。同じようなことを思いついた人は、池田や下村以外にもいたでしょう。しかし、反対する人を説得し、抑え、人を動かし、自らの考えを実際に形にする。そこまでできて実績となるのです。岸内閣では高度経済成長政策はならず、その実現には池田内閣の誕生を待たなければなりませんでした。

最近、福田赳夫の評伝が出て、「高度経済成長は福田の政策だ」と言いだしています（五百旗頭真監修『評伝福田赳夫――戦後日本の繁栄と安定を求めて』岩波書店、二〇二一年）。確かに福田は、「好況の時は健全財政、不況の時は積極財政」で、池田とそんなに政策は変わりません。少なくとも、「増税か、増税原理主義か」のような今の財務省とは全然違います。しかし、福田は池田政権ではことごとく池田の経済政策に反対しましたし、福田が高度経済成長に着手するのは岸内閣ではなく、池田後継の佐藤内閣です。

所得倍増を中核とする高度経済成長は、池田の賜物です。

第十節　岸退陣に最後まで付き合う

昭和三十五（一九六〇）年一月十九日、岸内閣は日米新安保条約・地位協定に調印します。吉田内閣の結んだ安保条約では「アメリカが日本を守る」でしたが、「日本は在日米軍基地を守る」を加えたことは前述のとおりです。一方的な条約から、わずかではありますが対等な条約に近づけました。

満身創痍の岸は解散総選挙で打開しようとしますが、側近の川島幹事長に反対され断念します（原彬久『岸信介―権勢の政治家―』岩波新書、一九九五年、二一四頁）。

さて、この条約に賛成した岸・池田・佐藤の三派を保守本流、採決を欠席した河野・三木の両派を保守傍流と看做すのが「保守本流史観」です。さっきまで、岸は鳩山と同じく傍流だったような気がしますが、いい加減なものです。

安保条約を結んだときの中心閣僚は岸・佐藤・池田で全員官僚出身です。河野と三木、それに大野伴睦は生粋の党人です。

そして主流派として安保に賛成した石井は内務官僚出身なのに保守本流とは呼んでくれません。ますます、いい加減なものです。

こうした、いい加減な保守本流史観の代表が、北岡伸一東大名誉教授です。

ちなみに、岸・池田・佐藤の後継三派が組んだのは、その後二回。一回は、ロッキード事件真相解明を掲げる三木武夫総理を引きずりおろそうとして、福田赳夫・田中角栄・大平正芳が組んだ、三木おろし。もう一回は大平死後に大平派の番頭だった鈴木善幸を角栄が担ぎ福田が乗った時です。

北岡先生様は、「保守本流こそ素晴らしい」かのように讃える一方、鈴木善幸のことを史上最低の暗愚の帝王、もとい「確固たる主張のない人物」（北岡伸一『自民党　政権党の38年』中公文庫、二〇〇八年、二二三頁）とまでこきおろしていますが、その鈴木内閣を「保守本流三派」が結束して擁立したことに関しては華麗にスルーです。

それはさておき、岸は安保改正をやり遂げるため、必死です。これに対し、主流派からはずされた河野・三木は、徹底抗戦します。

五月十九日、政府は衆議院に警官隊を導入し新安保条約賛成と会期五十日延長を単独強行採決します。このとき、自民党内からも欠席者が出ました。石橋湛山、河野一郎、松村謙三、三木武夫ほか八人です。河野・三木派の連中です。では、彼らがアメリカに敵対的な心情の持ち主であったかというと、そんなことはありません。「聞いてなかった」だけです。

三木武夫は「こんな大事な法案を強行採決するなんて将来に禍根を残す」ということで欠席したと言い訳します。河野一郎は「自分のメンツが潰されてムカついた」とストレートに言ってしまいます。三木武夫は中途半端に学があるので、もっともらしく言葉を飾ってリベラルと勘違いされてしまうのですが、基本は河野と一緒で、のけ者にされて「聞いていない」です。

六月十日、アイゼンハワー大統領の秘書ハガチーが来日しました。近々予定されていた大統領訪日にあたっての行事や警備を日本側と打ち合わせるためでしたが、激しいデモのために羽田空港で立ち往生してしまい、米軍のヘリコプターで脱出しアメリカ大使館へ向かわなければなりませんでした。

さらに十五日夜、デモ隊が国会に突入し、そのときに女子学生の樺美智子が死亡しました。

そこでアイゼンハワー大統領訪問の可否が真剣に検討されはじめます。たとえ大統領の安全確保が可能であったとしても、デモ隊から死者が出ても大統領としては後味が悪いであろうとの配慮から、十六日には米国側に大統領訪日延期を要請しました。

このとき岸は自衛隊を出動させて治安出動で暴徒を鎮圧させようとしましたが防衛庁長官の赤城宗徳が止めました。

あれは、六月十四日か十五日のことだったろうか、南平台の首相私邸に呼ばれたたわたしは、岸首相からじきじきに、自衛隊出動の強い要請を受けた。岸さんの私邸の周りを取りまいたデモ隊は、〝安保反対〟〝岸を倒せ〟のシュプレヒコールで、何十回となくデモ行進をしていた。

わたしは、この事態においても、アイク訪日に自衛隊を出動させるべきでないことを直言した。

悲壮な、まったく息づまるような一瞬であった。岸首相は腕組みをしたまま、黙って聞いていたが、最後にはついに納得してくれた。

（赤城宗徳『今だから言う』文化総合出版、一九七三年、一〇五頁）

二十三日、岸は新安保条約の発効とともに退陣を表明します。

ところで令和二（二〇二〇）年四月に国会での野党の質問の中に、「当時の岸首相が女子学生樺美智子の死を重くとらえて辞職した」との言葉があり、岸の孫である安倍首相はこう答えています。

ちょっと事実の誤認をしておられるので訂正をさせていただきたいと思いますが、

岸信介当時の総理大臣が辞職を決意したのはですね、もちろん樺美智子さんが亡くなられたというのは本当に残念なことであったと思いますが、これは、言わばアイゼンハワー大統領が日本に訪日をされる、そして、そこで言わばアメリカの大統領を日本に受け入れるという判断をしていたわけでありまして、その中で、沖縄までアイゼンハワー大統領は来ていたのでございますが、残念ながら国内で大統領をお迎えできる状況を確保できなかったということの中の責任を取らなければならないという中で判断をしたということが実態、まさに真実でございます。

（第201回国会　参議院　決算委員会会議録　第1号　令和2年4月1日）

日本人の多くも、質問した野党議員と同様に考えていたのではないでしょうか。しかし岸家的にはそういうことらしいです。

『岸信介回顧録』（五五九頁）にもアイゼンハワーの訪日が延期となったことに関して「私は日米両国民に申し訳なかった。残念だった。私が、アイクの訪日延期の要請を決定したとき、同時に内閣総辞職を決意したのは当然の措置であった」と書かれています。

まるで江戸時代の外様大名のようです。将軍様お国入りの準備をしている最中に国元で不祥事が起こり、お呼びできなくなったので大名が隠居したという関係。つまり日本はアメリカ幕府の外様大名であるという話でした。

さて、後世の歴史家が「岸vs池田」とよくわからない評価をしていますが、池田は岸の安保改正に協力しています。これは広く人口に膾炙した事実です。

逆に、岸も池田の協力を得ようと所得倍増を取り入れようとしていました。それに大蔵省が賛成したのに、大臣の佐藤栄作は反対しました。こちらは知る人ぞ知る事実ですが。「岸vs池田」の構図、強調されすぎていたと思います。

第十一節　池田、総裁選に立つ　「朝、仙人が来て言うんだ」

岸が退いたので七月十四日、自民党総裁選が行われます。このとき立候補したのは池田勇人のほか大野伴睦、石井光次郎、藤山愛一郎、松村謙三です。

岸・池田・佐藤の三派が池田を推し、河野は大野を支援します。三木は松村を立てますが全然やる気がありません。

このときも池田の側近たちは、「何もこんなときに出なくても」と反対しました。しかし、池田は「きょう、ある仙人が来てね、次はオレだって言うんだよ」。

バカな研究者は「その仙人とはいったい誰なのだろうか？」「児玉誉士夫ではないか」などと侃々諤々いいだすのですが、くだらない。児玉は河野一郎のスポンサーです。ありえません。

池田勇人には他人に見えないものが見えているのです。単に直感的に見えているだけではなく、それ以前に、いろいろな人の話を聞いて勉強しているのです。所得倍増政策も総理総裁になってから、やっつけで行った政策ではありません。

前年三月、池田ら三閣僚辞任の後、まだ通産大臣として入閣前のことですが、すでに池田の「月給二倍論」が『日本経済新聞』に掲載されています。「日本経済は近年、強化された。日本経済は大きな生産力をもっているが、有効需要が足りず、供給超過圧力にあえいでいる。そこで有効需要を起こし、供給力――生産力を十分に働かせて日本の経済力をもっと伸ばすべきだ」として「無用不当に経済の成長力を押さえないこと、できるだけ各種の統制制限をやめて国民の創意と工夫を生かすこと」を説いています（『下村治：「日本経済学」の実践者（評伝・日本の経済思想）』一一七～一一八頁）。

城山三郎の『官僚たちの夏』（新潮文庫、一九八〇年、六四～六七頁）に、新任の池内通産大臣（池田がモデル）がビール、日本酒、ウィスキー、ブランデーと次々と酒を飲みながら、大臣秘書官と話すシーンがあります。小説ですので脚色があると思いますが、その分ディテールが細かい。池田が、そのようにして勉強を重ねていたのは本当です。中でも最も熱心に耳を傾けたのは下村治という大蔵省の傍流エコノミストの話でした。先の新聞記事にしても、下村理論に依拠しています。

下村は緻密な計算式を提出します。それに従ったら高度経済成長ができる！　池田は自分で勉強して理解しました。それを側近たちが、どこまでわかるのか。

安保騒動の後、「強権」の岸は退陣したものの反岸、反安保の機運は残っている。池田は岸内閣の閣僚であった。岸の後を継ぐものは攻撃される。問題は山積み。人心は混乱している。党内はまとまらない。この現状を前にしては、引き受けないほうがいいという側近たちの意見のほうが正論かもしれません。

秘書の伊藤昌哉は当時のやりとりを残しています。

大平「こんどはやり過ごしたほうがいい。あなたは保守の本命だから、こんな時期に出て傷がついてはいけない。いったん石井光次郎なり誰かになってもらって、すこし情勢が静まってから出たらどうですか」

池田「君はそう言うが、おれの目には、政権というものが見えるんだよ」
　大平が帰った後、伊藤が池田に、総理になったら何をするかと尋ねると、
池田「それは経済政策しかないじゃないか。所得倍増でいくんだ」
（『池田勇人とその時代』九六頁）

「このままいけば、こうなるだろう」と考えれば、たしかにそうなのですが、池田には未来への意思がありました。「どうなる?」ではなく「こうする!」という意思です。

池田の側近には、池田以外には使いこなせないようなアホばかりそろっています。池田は個人個人の持つ長所だけを使い、他の不向きな分野には使いませんでした。普通は、当人が不満を持つので、ツイいろいろなことをやらせてしまうのですが、池田はそうしませんでした。

　池田が熊本税務監督局の直税部長であったころ指導を受けたという市丸吉左エ門も後年、「池田さんはその人の性格・能力を見抜き、その人に向くような仕事を与えて上手に使った。そのため部下は池田さんの下で気持ちよく仕事をし、能率をあげた」と池田の人使いのうまさを褒めています（『池田さんを偲ぶ』五七頁）。

従順ではあっても凡庸の側近たちに、「高度経済成長ができる」と説いても理解できません。最後は自分がすべての責任を取る覚悟で池田はつき進みます。

池田が入閣したのは約一年前、昭和三十四（一九五九）年のことですが、これが効いてきます。主流派入りし、安保条約改定に協力して岸・佐藤兄弟に恩を売り、総裁選では自らの支持者にしています。

ただし、岸派は総裁派閥なのに三派に分裂してしまいます。岸が後継者にと選んだ財界出身の藤山愛一郎外務大臣は勝手に立候補。結局、福田赳夫が岸派を継ぐことになります。幹事長として岸内閣を支えた川島正次郎は福田と仲が悪く、大野を支持します。

岸内閣のほとんどの期間において川島が幹事長でしたが、昭和三十四年前半は福田が幹事長につきました。この人事には党内、とくに岸派内部からかなり不満が噴出していました。大蔵省出身のエリートを重用する岸に、長老の川島は不満なのです。

立候補者の中で藤山と松村はいわば「通行人」です。無視していい。

川島系はがっちり固まっているので、池田はそこには目もくれず、川島派以外に多数派工作を開始します。特に石井派が脆弱でした。

投票前の予想では池田対大野の一騎打ちで、石井が追いかける状態と見られていました。

大野と石井は「二位三位連合再び」と企みます。しかし、大野としては困ったことに石井派の結束が弱い。「池田も一回目で過半数は取れないだろうが、決戦投票になったら、石井派の票が池田に流れ、大野に入れないかもしれない」という情報が入ってきます。

大野は考えます。大野派のほうが数が多くて結束力は強いが、石井派の票が池田に流れたら、たとえ第一回投票で勝てても決戦で勝てない。

結局、あえて自らが降りて大野票を石井に回すとの決断を下します。大野いわく「二倍以上の票を持ちながら、結束が固いというゆえに、下位候補のために、その多数の票を投じ、立候補を辞退しなければならぬという矛盾した論理を私は涙をのんで承認しなければならなかった」。この時に「玉砕しても降りるな」と主張する者もありましたが、大野は「身を殺して仁をなすとき」と立候補を取りやめました（『大野伴睦回想録』一五三〜一五六頁）

大野伴睦、一生にただ一度の総裁選出馬でしたが、やむなく投票前に辞退。とはいえ河野一郎にいたっては一度として総裁選に立候補したことがありません。そして、常に負け組に回っています。大野は、それよりはマシです。そして、その後は池田ともうまくやっています。

ところで「大死一番、一身を殺して義に生きようと決意した」（同、一五五頁）大野伴睦でしたが、第一回投票の結果は池田二四六票、石井一九六票、藤山四九票、松村五票、大野一票、佐藤一票。決戦投票では池田三〇二票、石井一九四票でした。

最終的に川島が急旋回し「ぼくは大野くんを推すと言ったのであって、石井くんには何の義理もないから」と池田派に走ったのです。

こんな二回りも三回りもするハプニング連続の曲芸飛行を経て、池田が圧勝します。しかも、よく見ると決選投票では第一回投票より石井の票が減っています。なんでそうなる？

また、岸も動きました。当時を回想して岸はこう言っています。

「川島君はぐずぐずしていたけれども、私の派で、池田のほかに藤山君、大野君のところへ行ったのを、いよいよ最後の時に全部引き揚げて、池田をやれと言ったんだ。それで藤山君にも大野君にもひどく恨まれたんだ」（『岸信介の回想』二四五頁）

なにはともあれ池田は総裁選挙に勝ち、総理大臣になりました。

第五章　高度経済成長──
我々日本人は池田勇人の遺産で生きている。

第一節　死を覚悟して総理の座に

昭和三十五（一九六〇）年七月十九日、第一次池田内閣が成立します。

自民党の党三役は、池田・佐藤・岸派それぞれに等配分しました。幹事長は益谷秀次（池田派）、総務会長は保利茂（佐藤派）、政調会長は椎名悦三郎（岸派）で、総裁選で同盟を組んだ三派で主流派を形成します。

閣僚は、大野・石井派にも与えます。安保採決を棄権した河野と三木への怨念をつのらせていた岸は、池田を支持する条件として「河野・三木を自民党から除名しろ」と要求していました。池田は除名まではしませんでしたが、河野派・三木派からは誰も閣僚を取りませんでした。二派を抜いたこと以外はソツのない派閥人事ですが、ひとつ特色をあげるとすれば、この内閣には日本政治史上最初の女性閣僚・中山マサが厚生大臣として入閣しています。

新内閣は「岸亜流内閣」などと新聞に評されましたが、内閣支持率は五一％と、サンフランシスコ講和条約締結直後の吉田内閣についで二番目の高さでした（吉村克己『池田政権・一五七五日』行政問題研究所、一九八五年、二十二頁）。超高支持率とはいきませんでしたが、常に支持率が不支持率を上回る安定政権となります。

岸内閣が「強行突破」で内外から顰蹙をかったのを反面教師にして、池田はメディア対策を重視し、ソフトなイメージづくりを心がけます。そのキャッチフレーズが、「低姿勢」と「寛容と忍耐」です。

かつての池田は、「貧乏人は麦を食え」「中小企業が倒産してもやむを得ない」などの失言でメディアに叩かれましたが、低姿勢を貫くことによって、かつての失言も「正直者」との評価に転じます。前任の岸が権謀術策を連発して政権を維持した反動です。

また池田は記者たちに、「一般国民が行かないゴルフには行かない」「芸者の出る待合には行くまい」と宣言、言葉通りに総理在職中はゴルフにも待合にも行かないなど、庶民性をアピールします。結果、死ぬまで行けなくなるのですが……。

池田は安保闘争で殺気立った世相を和らげねばならないと、イメージチェンジを図りました。そして何より、「政治の季節」から「経済の季節」への転換を図ります。

その目玉が「国民所得倍増政策」です。所得倍増は岸内閣の頃からの池田の主張ですが、改めて内閣の新政策として九月五日に発表します。「経済成長の見通しは、過去の実績からみて、三十六年度以降三カ年に年平均九％は可能であり、国民所得を一人あたり三十五年度の約一二万円から三十八年度には約一五万円に伸ばす。これを達成するため適切な施策をおこなっていけば、一〇年後には国民所得は現在の二倍以上になる」と数字をあげて説明します（『池田勇人とその時代』一〇五頁）。

経済成長率年平均九％を主張する池田のことを外国人記者は「ナイン・パーセント・マン」と本国に打電しました。国内でも最初は笑いものです。多くの人は信じていませんでした。

戦後、復員兵の帰還によって出生率が増し、その頃に生まれた人々をベビーブーマーといいますが、彼らが就職する頃までに経済を大きくしておかなければ失業問題が起きると懸念されていました。所得倍増政策も、当初はその対策という意味があったのですが、結果的に成功しすぎて経済成長が目覚ましい上に若者が上級学校へ進学するようになったので、むしろ若年労働者不足となっていきます。

とはいえ、そんな未来は誰にも予想できません。岸内閣末期には革命前夜のような重苦しい状況でした。安保闘争で樺美智子が死亡したほか、池田政権期にかけてテロ事件が多発しています。

たとえば、池田が総裁に選出された七月十四日には、岸が刺されました。命はとりとめましたが、重傷を負っています。十月十二日には社会党委員長浅沼稲次郎が刺殺されます。これについては後述します。翌昭和三十六年二月一日には中央公論社長嶋中鵬二邸にも右翼の少年が押し入ります。社長は不在でしたが家政婦が刺殺され、夫人も重傷を負いました。

池田は、首相就任直後に妻と三人の娘に、上等の着物を二着プレゼントしています。包みを開け、まず綺麗な着物に娘たちは喜びましたが、その下の喪服を見てサッと顔色を変えました。首相になるということは命がけなのだとの覚悟を家族に伝えたのでした（『池田勇人ニッポンを作った男』二〇九～二一〇頁）。

第二節　アベノミクスは池田勇人の焼き直し

政治家・池田勇人のすごさは、常に未来を見据えて動いているところです。

半年前になりふりかまわず岸内閣に入閣し主流派になっているから総理総裁になれました。さかのぼれば自民党結党後に三木武夫と手を組んだのも石橋湛山を総理総裁にかついで主流派に返り咲くため。さらにさかのぼって考えれば、占領期に一ドル三六〇円の固定レートをアメリカに認めさせたのが、今ここに生きてきます。

円が安いと輸出に極めて有利です。

安倍晋三前首相が進めたアベノミクスの主要課題は日銀に紙幣を刷らせることでしたが、池田勇人の時は、そんなことは最初からメカニズムとして組み込まれていました。金本位制の固定相場制でドルが基軸通貨です。だからアメリカがドルを刷ると、一ドル三六〇円を維持するために日本も円も刷ることになります。

実は、池田内閣発足早々に日銀は大蔵省に対して「独立戦争」を仕掛けてきました。三年がかりで準備してきた日銀法改定案により中央銀行の独立を求めたのです。しかし、池田は中央銀行と政府の一体性を譲りません。結局、日銀法改定はなりませんでした（『日本銀行百年史』第五巻、日本銀行、一九八五年）。

未然に防いだ問題は忘れられてしまいがちで、池田の伝記などでも大きくとりあげられることがありませんが、ここで日銀法が改悪されていたら、その後の高度成長はなかったでしょう。日銀の悲願である中央銀行の政府からの独立は、一九九八年の日銀法改定により達成されました。その後、財務省からの天下りを排除し、速水優・福井俊彦・白川方明の三代の日銀出身者が総裁となった十五年間、日本は地獄のようなデフレを味わいました。

また日銀の性《さが》ですが、隙あらば公定歩合を引き上げようとします。これも池田は阻止します。初動の段階で日銀をピシャッと押さえつけました。ちなみに当時の総裁は大蔵省同期の山際正道で、池田とは歩調をあわせて進みます。それで公定歩合が上がりません。公定歩合とは日銀が民間銀行に貸しつけを行うにあたっての金利です。銀行はそれを目安に預貯金金利や貸出金利を設定する。日銀が民間銀行に融資するときの金利が安ければ、銀行も企業に低く融資できます。利子が低ければ、借金をするハードルが低くなります。

また、現在の金利が低くても、いつ金利が上がるかわからないとなると誰も借金したがりません。しかし金利が上がらないという予測がつけば安心して借りることができます。

政治が明確に経済政策の目標を掲げることで、経済活動をやりやすくなります。アベノミクスでは「インフレ目標を経済成長率２％」と掲げましたが、池田の焼き直しです。

金利が低いこと。その金利が将来にわたって上がらないこと。融資が活発に行われるためには、この二つが大前提です。

池田の時代には、企業が融資を受けて設備投資できるしくみが整っていました。そのため安心して企業が借金して投資する。積極的に投資するので商品の質が向上する。商品の質が向上すると消費者が買う。すると企業が儲かるので、余裕が生まれ、従業員の給料に反映される。給料が上がれば、生活に余裕が生まれます。

アベノミクスと池田勇人の所得倍増政策の大きな違いは貯金を重視しているかどうかです。アベノミクスでは、貯まりに貯まった貯金を使わせることが主眼でしたから、そこは状況が違いました。今月、今年の給料がよくてもすぐに消費には結びつきません。蓄えがあるから安心してモノが買える。貯蓄がなければ人生設計もできません。貯金残高がほとんどない状態で子どもなどつくれない。文明社会では、ただ食べさせればいいというものではありません。教育にお金がかかります。高等教育を受けさせてやりたい。塾に通わせたり、音楽やスポーツなどの習い事をさせてやりたい。これらは決して贅沢なことではなく、現代日本の普通の庶民が望むことです。

貯蓄が増えていけば、安心してモノを買い、消費が増える。好循環です。

経済成長することによって、その規模が雪だるま式に増えていく。理論上、毎年七・二%の経済成長をすると十年で二倍になります。しかし、池田は九%を打ち出した。ちなみに下村案は一一%でした。

実際には図のように年によって差がありますが、一九六〇～六五年の平均値は一〇%です。そのため所得倍増には十年かかりませんでした。一九六〇年代の成長率は著しく、六

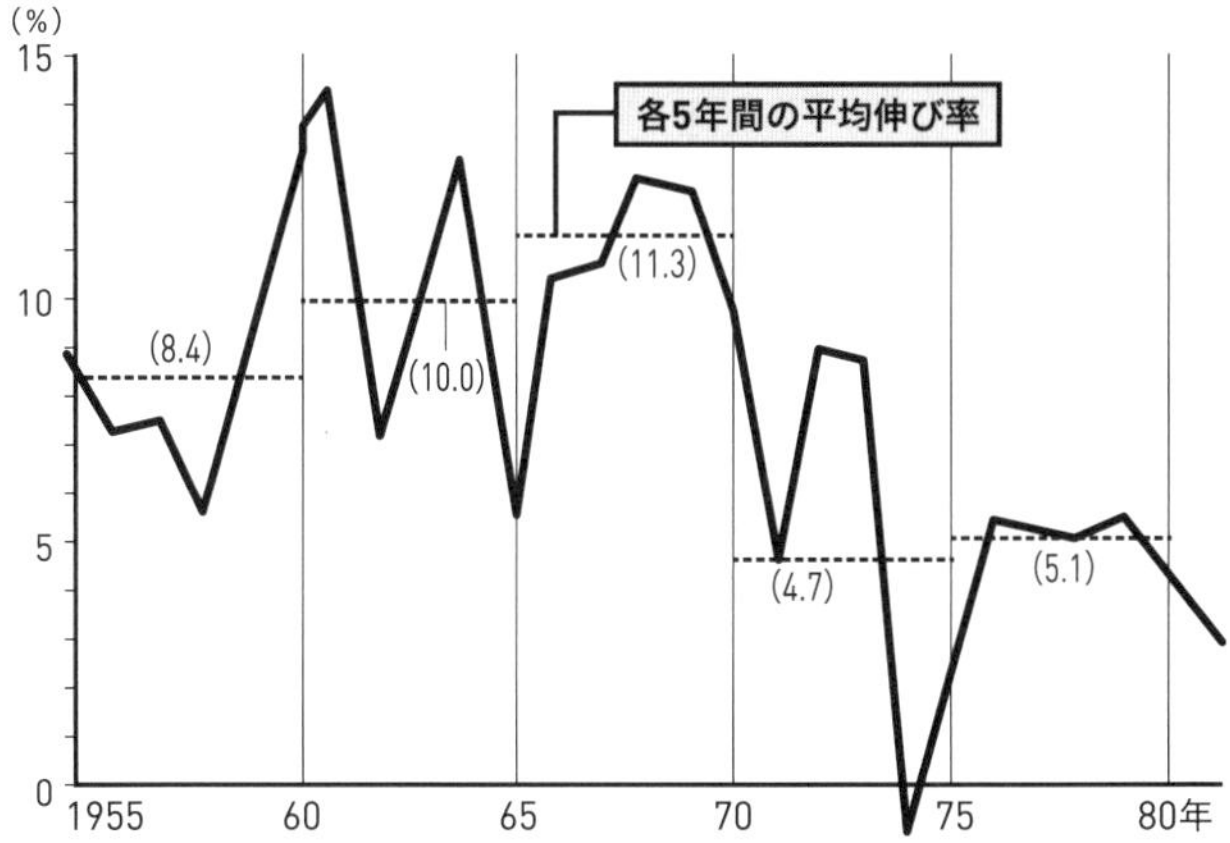

出所：経済産業庁「国税2000年の日本」より

九年にはＧＮＰ（国民総生産）がヨーロッパ諸国を抜いて世界第二位となります。なお、最近ではＧＤＰ（国内総生産）が用いられ、使われなくなりましたが、かつて国の経済規模を表す単位は主にＧＮＰでした。

アベノミクスは池田の政策の焼き直しです。しかし不完全燃焼を起こして当初ねらったはずの成果は上げられませんでした。最大の違いは、池田勇人は最大の抵抗勢力である日銀を初動で叩きのめしましたが、安倍晋三はアベノミクス開始一年で財務省に消費増税を押し付けられました。

どんな立派な経済理論も、実行する総理大臣の実力次第なのです。

第三節　浅沼刺殺事件にもかかわらず自民党大勝

池田内閣が成立したのは七月ですが、はやくも秋には解散総選挙を行います。当時は総理大臣が代わると、すぐに解散総選挙をするものでした。

解散とは代議士全員をクビにすることです。大野伴睦の名ゼリフ「猿は木から落ちても猿だが、代議士は選挙に落ちたらタダの人」はあまりにも有名で、政治家は本能的に選挙を怖れます。しかし、その一方で「この総理のもとで当選させてもらった」ということで総理支持の議員が増えて政権が強くなるのです。そのため解散総選挙は総理大臣の伝家の宝刀と言われます。また選挙に勝てば国民の信任を得たとの証拠でもありますから、思う存分にやりたい政策ができます。

国民が所得倍増を理解していたかどうかはともかく、景気のいい話に希望を持ちました。池田の「所得倍増」のウケがあまりにいいので、社会党も似たような政策を打ち出します。秘書官の伊藤昌哉はこれを見て社会党に勝ったと思いました（『池田勇人とその時代』一一二頁）。社会党案は四年後に国民所得を一・五倍にするというヌルいものでしたから、池田の政策のほうが、はるかにインパクトがあります。

池田は見た目の演出にも凝り、背広を堅苦しいダブルからシングルに、眼鏡も銀ぶちからアメ色のやわらかい感じのものに替えました。

テレビCMも効果的に使い、「池田は嘘を申しません」「経済のことは池田におまかせください」は流行語になりました。遊説先でもユーモアたっぷりに「貧乏人は麦を食え、と言って漫画に書かれた池田でございます。漫画より色男ではないでしょうか」と笑いをとりました。

絶好調の池田陣営、これはもう楽勝と構えていたところに悲劇が起こります。十月十二日午後三時すぎ、社会党の浅沼稲次郎委員長が右翼青年に刺殺されてしまうのです。自民党・民社党・社会党の三党首演説会の真っ最中のこと。大衆の目の前で、しかもNHKでテレビ中継されていました。普通ならば、同情票が社会党に流れます。

それをわかっている池田は、すばやく対応します。午後四時半には「暴力の根絶を期する」との政府声明を発表しました。山崎巌国家公安委員長は辞意を表明し、翌十三日の臨時閣議で辞任しました。そして池田は十七日の臨時国会で池田は浅沼社会党委員長の追悼演説を行います。

君は、大衆のために奉仕することを、その政治的信条としておられました。文字どおり東奔西走、比類なき雄弁と情熱をもって、直接国民大衆に訴えつづけられたのであります。

沼は演説百姓よ
よごれた服にボロカバン
きょうは本所の公会堂
あすは京都の辻の寺

これは大正末期、日労党結成当時、浅沼君の友人がうたったものであります。委員長となってからも、この演説百姓の精神は、いささかも衰えをみせませんでした。全国各地で演説を行う君の姿は、いまもなおわれわれの眼底にほうふつたるものがあります。

浅沼の早稲田大学時代からの友人の詩を引用しながらの演説は、社会党議員が涙をぬぐうほどの感動を議場内に呼びました。

原稿を書いたのは伊藤昌哉、ブーちゃんです。池田に「おれが読んだら、議場がシーンとしてしまうような追悼文を書いてくれ」と言われて作成した傑作です。池田はブーちゃんに「あの演説は、五億円か一〇億円の価値があった」と褒めました（『池田勇人とその時代』一二六、一二九頁）。

池田のすばやい対応が功を奏し、十一月二十日の総選挙では大勝します。自民二九六、社会一四五、民社一七、共産三、諸派・無所属六です。自民党の議席率は六三％でした。自民党からは票が逃げずに、その代わりといってはなんですが民社党が割りを食いました。

この時、民社党が躍進していれば、健全な野党との二代政党制が成立していたかもしれません。

「議席数」は変化するので、「議席率」で比較しますが、このときの自民党を超える記録は、選挙が機能していなかった戦時中の大政翼賛会は除外するとして、昭和七（一九三二）年第一八回総選挙の政友会（六五％）、時代下って麻生政権のもとで行われた平成二十一（二〇〇九）年第四十五回総選挙の民主党（六四％）のみです。

自民党としては史上最高の議席率です。一党優位が確立しました。

第四節　所得倍増を支えたのは大蔵省傍流だけではない

少し時をさかのぼります。

昭和三十二（一九五七）年十一月、第一次岸内閣が内閣改造を行い池田が閣僚から外れたころ、池田を総理大臣とすべく宏池会が発足しました。事務局長は田村敏雄。大蔵省に池田と同期入省しています。地方の税務署長を転任した後、満洲に渡っています。敗戦後ソ連に抑留され、五年後の昭和二十五年に帰国します。ロシアで洗脳されスパイ活動をしているのではないかという噂もありましたが、池田はそれも承知で側近にしていました(『危機の宰相』九四～一〇六頁)。

政治家個人の後援会はすでにありましたが、政治資金規正法に基づく法人の政治結社は宏池会がはじめてでした。

宏池会は、その後、池田、大平、鈴木、宮澤と四人の総理大臣を輩出します。

それはさておき宏池会には昭和三十三年七月に「木曜会」が設けられ、下村理論の経済分析を中心に政策研究が行われていました。

会の顔ぶれは星野直樹(大蔵省出身、元満洲国総務長官、東条内閣書記官長)、高橋亀吉(経済評論家、戦前は石橋湛山とともに金解禁に反対したので有名)、稲葉秀三(企画院・経済安定本部を経て経済評論家)、伊原隆(大蔵省出身、東京銀行副頭取)、平田敬一郎(元大蔵事務次官、開銀総裁)、櫛田光男(大蔵省出身、国民金融公庫総裁)、下村治(大蔵省出身、開銀理事)ら。後に堀江薫雄(東京銀行頭取)、上野幸七(商工省出身、関西電力副社長）、石原周夫（元大蔵事務次官、開銀総裁）などです（『池田政権・一五七五日』四九〜五〇頁）。

星野直樹だけは池田より先輩ですが、他の大蔵官僚は後輩に当たります。また、池田が課長にすぎなかった時代に大蔵大臣であった賀屋興宣は池田内閣で政調会長・法務大臣として重用されます。後輩で昔は池田の嫉妬の対象だった迫水久常も、経済企画庁長官や郵政大臣として重用します。彼らは大蔵省で本流中の本流です。

所得倍増政策に大蔵省が反対ではなかったことは前述のとおりです。当時の森永貞一郎次官と石野信一官房長は「森・石ライン」といわれる名コンビ。ドン中のドンとして、長らく大蔵省に影響力を残す、これまた本流中の本流です。二人もまた池田の味方で、森永は宏池会とも深い関係にあります。当時の大蔵省は高度経済成長に協力的で、所得倍増政策は大蔵省が主導したと言ってもいいぐらいです。「増税がわが仕事」などと言っている現在の財務官僚に、ぜひこの先輩方の雄姿を思い出していただきたいものです。

池田が傍流とされた下村を重用したので、本流は排除されたかのような印象を持っている人がいますが、池田ははぐれ者ばかり集めたわけではなく、実は大蔵省の本流も取り込んでブレーンや閣僚とし、大蔵省本体もまた池田とともにありました。

また池田は財界との深いつながりを持っていました。特に密接な間柄であったのが、小林中《あたる》（富国生命保険社長、日本開発銀行総裁）、桜田武（日経連会長、日清紡績社長）、水野成夫（経済同友会幹事、産経新聞社長、フジテレビジョン社長）、永野重雄（日本商工会議所会頭、富士製鉄社長）です。みな池田の同世代で、池田が吉田内閣の大蔵大臣に就任したころから深いつきあいとなりました。

中心は「こばちゅう」とも呼ばれる小林中。先の肩書を見ていただけるとわかるように日経連会長と経済同友会幹事と日商会頭の三人を手下にしている謎の人物です。

小林は池田に「政治資金を全部、面倒みてやるから高度経済成長をやれ」と迫り、池田も「そんなの言われなくてもやるよ」と言いたい放題を言い合える仲だったそうです。

自民党と財界と大蔵省が三位一体で国民経済を富ませなければならないと言っていた時代。今から考えると「神代の時代」です。逆に、今はなぜこうなってしまったのでしょうか。不思議です。

池田は人使いの達人です。派閥の側近を見たら、池田以外に使いこなせる人がいない面々ばかりです。

池田が後継者に望んだ前尾繁三郎は、十数万冊の蔵書を誇るインテリですが、幹事長を三期も務めながら子分を一人もつくれない無能者、政局勘は絶望的で、池田死後にクーデターで派閥領袖の座を追われます。後に加藤紘一が登場するまで、「史上最弱のヘタレ領袖」の名をほしいままにしていました。

その前尾を派閥クーデターで追い払うことになる大平正芳は、田中角栄と組んで日本を中国に売り飛ばしました。大平の親中と大角連合に、ブーちゃんは批判的でしたが、「池田の派閥を継いだアンタが何やってんの？」という心境だったでしょう。財政外交党務ともにバランスの取れた政治家だったのに。

大平死後に宏池会を継いだ鈴木善幸は、自民党総務会長十期で政局の天才。しかし、「バカでも総理大臣になれた最初の人」となってしまいました。

ゼンコーが何とか育てようとしたのが宮澤喜一。自分以外の人間がすべてバカに見えて仕方のない人です。池田は重要な国際会議の時には通訳として宮澤を連れて行くのが常でした。ちなみに、宮澤と大平は揃って池田蔵相秘書官を務めました。仕事はなんでも宮澤がやるので大平が「私の仕事はなんでしょう」と聞くと、池田は「君はそこに座って茶でも飲んでてくれ。宮澤君と二人だと息が詰まってかなわん」とのこと。

一事が万事こんな感じなのですが、池田の人使いの要諦は「使いまわしをしない」です。

確かに宮澤に党務をやらせなかったし、ゼンコーに政策をやらせませんでした。その人間の得意なところだけ使い倒すのが、池田流人使いです。

第五節 「便所会議」の造反を人事で抑え込む

総選挙で大勝したのはよかったのですが、国会で悶着が起きます。国会は十二月五日に開会しましたが、議長がなかなか決まりませんでした。党内で揉めた後、池田は清瀬一郎を衆議院議長にと推しますが、安保国会で警官を導入した責任者であったことで社会党が猛反対しました。結局、清瀬議長を通すため、圧倒的な議席数を持つ自民党が副議長を社会党の久保田鶴松に譲らなければならない事態となりました。七日夜十一時半のことです。

組閣のほうが簡単で、翌八日午前二時半には終わったスピード組閣で、第二次池田内閣が発足しました。第一次内閣は半年足らずの任期だったことになります。もっとも池田は最初から早期解散の予定でしたから、第一次内閣は今まで大臣になれなかった人たちへの「たな卸し」も多かったのです。

党三役は幹事長の益谷と総務会長の保利は留任、政調会長は岸の推しで福田赳夫を取ります。福田は池田次官の時の主計局長でした。池田・佐藤・岸の三派体制は残っています。

政調会長だった椎名は、通産大臣に回りました。

閣僚は、大蔵・水田三喜男、外務・小坂善太郎、文部・荒木万寿夫、労働・石田博英、経企・迫水久常、官房長官・大平正芳など内閣の中枢と、専門に長けた大臣は変更しません。

河野派から中村梅吉（建設）、三木派から古井喜実（厚生）が入閣しています。一次内閣で締め出された河野・三木でしたが、今回は子分が登用されました。

しかし、岸内閣時代に閣僚にできなかった者をならべただけで「滞貨一掃人事」と言われたりしています。結局、岸と佐藤が「我々がお前を総理にしてやったんだ」という態度なのです。岸が池田と河野の両方に気を使って党内運営をしていたのが、今度は池田が小突かれる番でした。

総理大臣は自民党総裁ですが、自民党の歴史で自派だけで総理総裁を勝ち取った人物はいません。必ず他派の協力を得ています。憲法上、総理大臣の権力はこれ以上強化しようのないほど強いのですが、自民党総裁が構造的に弱いので、常に他派閥に気を使わねばなりません。岸は大野と河野に恩を着せられ、最後は河野を切って池田を主流派に迎える荒業に出ましたが、今度は池田が岸と佐藤に恩を着せられる番です。

初めての経験に池田は戸惑いましたが、そうはいっても選挙に勝った総理です。徐々に、人事にも慣れていきます。

年末、国民所得倍増計画を、正式に閣議決定します

池田は雑音には目もくれず、経済成長が日本の道だとばかりに邁進しはじめます。

昭和三十六（一九六一）年、党の内外で波乱が起きます。

まず国内ですが、五月十三日に自民・民社両党が政治的暴力行為防止法案を国会に提出します。一種のデモ規制法で、大平ら池田側近は警職法の二の舞を懸念しました。この年は他にも農業基本法を社会党欠席のまま可決させるなど国会に波風が立っていました。宮澤なぞは「池田内閣は一年たつと高姿勢ですか」と批判します。

これに対して池田は強気で、「お前たちは、わかっちゃおらん」。

政防法の経過については伊藤昌哉『池田勇人とその時代』（一四四頁）から引用しますと、「政防法案の審議がすすむと、またしても国会周辺をデモがとりまき、異常な雰囲気となった。六月三日、清瀬議長は、議長席を社会党議員に占拠されて着席できず、自民党席で議事をすすめるという混乱のなかで、同法案は可決された。六月八日の最終日には、社会党は、内閣・清瀬議長・荒木文相の不信任案を提出し、自民党もこれに対抗して、久

保田副議長にたいする不信任案を提出、副議長がクビになるという、荒れ方であった。政防法は参議院自民党幹部の反対にあい、継続審議となってしまう」です。

衆議院は通ったが参議院が通らない。このとき他党ではなく自民党の松野鶴平議長が邪魔をしました。参議院からの閣僚人選について池田から相談がなく無視されたために反池田側に回ったのです（竹中治堅『参議院とは何か——1947〜2010』中公叢書、二〇一〇年、一〇五頁）。なお、政防法は最終的には廃案となります。

また「便所会議」で党内の陰謀が明るみに出ます。

福田政調会長（岸派）と保利総務会長（佐藤派）が便所で用をたしながら「これで池田内閣も総辞職だね」「いやそこまではまだいかんだろう」と話し合っていたのを、池田の護衛が奥で聞いていたのです。政防法の強行突破の裏には、岸派と佐藤派による内閣揺さぶりの陰謀があり、それに池田がまんまと乗ってしまったというわけです。

噂が広まり池田は陰謀などなかったと十日の記者会見で否定しましたが、その日、帰宅した池田は「岸は、自分の任期の残りだけをおれにやらせて、あとは佐藤に引きつがせるつもりだったらしいな」と口走りました（『人間池田勇人』三〇七頁）。

岸・佐藤はあえて政防法というややこしい法律を持ち込んで池田政権を揺さぶったので

す。福田赳夫などは高度経済成長を公然と批判し、政調会長を降りた後は保利とともに池田批判の急先鋒となりました。

党内不和は内閣の弱体化を招くものです。しかし、池田内閣は景気回復に支えられて支持率が下がりません。

岸や佐藤の揺さぶりを受けても池田が折れることはありませんでした。かえって池田は、ここで悟りを開き、「そっちがそう出るなら、こっちにも考えがある。もう媚びない」と我が道を行くきっかけとなりました。

国会を閉じた七月十八日、内閣改造を行います。党役員には副総裁・大野伴睦（大野派）、幹事長・前尾繁三郎（池田派）、総務会長・赤城宗徳（岸派）、政調会長・田中角栄（佐藤派）を据えます。

閣僚のうち、外務・小坂善太郎、大蔵・水田三喜男、文部・荒木万寿夫、法務・植木庚子郎、建設・中村梅吉、自治・安井謙、内閣官房長官・大平正芳は留任します。

そして、農林・河野一郎、通産・佐藤栄作、郵政・迫水久常、厚生・灘尾弘吉、労働・福永健司、行政管理・川島正次郎（オリンピック東京大会担当・北海道開発兼任）、経企・藤山愛一郎、科学技術・三木武夫です。

五人の実力者が要職についたので実力者内閣と呼ばれます。なお、石井光次郎は派閥の領袖なのに入っていません。実力者ではないからです。総裁選で池田に楯突きましたし。

年初に池田は前尾に幹事長を打診していましたが、ここで前尾幹事長が誕生し、池田の為に私心なく尽くします。前尾は三年の長きにわたって幹事長を務め、最後は池田に「前尾はこのままでいたら、だんだん三木武吉になってしまう。早く閣僚経験を積ませなければ」と心配されるほどです。

排除されていた大野・河野は重用されて気を良くするし、佐藤も閣内に入れられては派手な反対はできなくなります。すっかり党運営が安定しました。

多少の波風はあっても、岸時代の殺気立った空気とは明らかに違っていました。人々は、「働けば給料は上がる」という希望とともに、皆が職場で頑張りました。国会にデモに行ったり上司に残業代を寄こせと労働運動を起こしたりするよりも、サービス残業してでも働いて業績が上がれば自分の給料も上がる。

池田の狙いは、的中しました。

もっとも本人は「私は嘘は申しません」と言ってたので、経済見通しが多少狂うたびに「嘘つき」呼ばわりされ、「給料が上がるよりも物価が上がる方が早い」と小ばかにされましたが、庶民が政治家を気軽におちょくれる、楽しい時代でした。

第六節　実は得意だった外交

池田は経済の人のイメージが強すぎますが、外交も得意です。

まず同盟国のアメリカ。

実力者内閣誕生のひと月前、六月に池田は満枝夫人と外相の小坂、それに宮澤を伴って訪米しています。池田が最初に渡米したのは占領下に質素なホテルに宿泊させられた昭和二十五年ですが、それから十一年、日本の地位は向上していました。いまや池田は総理大臣、そして、時のアメリカ大統領は前年当選したばかりのJ・F・ケネディです。

いまでこそ首相の外遊に夫人同伴は普通ですが、当時としては新しいことでした。吉田は娘の麻生和子をファーストレディ役にしていました。鳩山は薫子夫人をソ連に連れていきましたが、脳溢血で倒れてから身体が不自由な夫の介添え役にすぎませんでした。岸は五回の外遊を単身で行っています。満枝夫人の訪米を最初にすすめたのは大平のようですが、財界四天王や吉田茂も夫人の同行を勧め、ライシャワー大使からも正式な招請を受けました（『人間池田勇人』三〇八～三〇九頁）。ライシャワーは知日派として知られており、昭和三十六（一九六一）年四月に駐日大使として赴任していました。日本との関係改善を重視したケネディから任命されたのです。

池田訪米のハイライトは大統領専用ヨット「ハニー・フィッツ号」での会談でした。このヨット会談はイギリスのマクミラン首相につづいて二人目。アメリカが日本を重視しているという演出です。

このころ冷戦の緊張が高まっていました。アメリカの正式介入はまだですがベトナム戦争の真っ最中です。中米でもアメリカは一月にキューバと国交を断絶しています。二か月後には東ドイツが東西ベルリン間に壁を築き始めます。ケネディは西欧だけでなく世界各地に味方を増やしたかったのです。

池田はケネディから六月初旬の米ソ首脳会談について聞き、逆にアジア情勢をケネディに教えました。ここに新しく「日米パートナーシップ」という言葉が生まれました。

また、沖縄に関して、日本が潜在主権を保有することを共同声明に記し、アメリカの施政下にあった沖縄で祝日の日の丸国旗掲揚を認めさせています。実際に沖縄が日本に返還されるのは佐藤政権時代ですが、その基礎は池田が築いていました。

米下院では「こんどは援助の要請にきたのではありません」と演説し、拍手喝采を浴びました。逆に言えば、それまでの渡米は借款などを求めに行くことが多かったのです。

アメリカでの歓迎は日本でも大きく報道され、池田も自信を深めます。

池田はアメリカだけでなくアジア諸国とも積極的に関係改善を図っています。

次に隣国の韓国。

十一月十二日、韓国の朴正熙国家再建最高会議議長が非公式に日本を訪れ、首相官邸で池田と会談しました。会談は成功だったようで、池田は「朴正熙というのはいい男だ、俺のことを兄貴と呼んだよ。俺は総理を辞めたら、韓国へ行って経済建設計画を立ててやると約束したよ」などと言っています（『池田政権・一五七五日』一九三頁）。

吉田政権時代には、韓国側の交渉相手が李承晩というわがまま人間で、ことあるごとに「植民地時代の謝罪と賠償」を言い出し、交渉になりませんでした。久保田貫一郎首席代表が「そこまで植民地支配に文句を言うのなら、日本が作った建物や鉄道をすべて壊したらどうだ」と返答すると、李承晩《リショウバン》は逆ギレして交渉を打ち切りました。

このようなことがあって日韓関係が大変に冷え込んで交渉が途絶していたのを池田内閣のときに良好な関係を築きはじめ、軌道に乗せたのです。ちなみに久保田は、「嘘だらけ～」シリーズでおなじみの「菊ちゃん」こと、石井菊次郎の娘婿です。

日本に池田勇人、韓国に朴正熙の時代は戦後、日韓関係が最もよかった時期です。朴正熙は名を捨てて実を取りました。「賠償金」ではなく「経済支援」の名目で多額の融資を受け、「漢江の奇跡」を起こし、急激な経済成長を遂げるのです。

韓国が敵に回ったら日本としては即座に安全保障上の危機に陥ります。日本にとっては防壁を築くための投資というわけです。池田がもう一年長く健康だったら間違いなく、日韓基本条約は佐藤内閣ではなく池田内閣の功績になっていました。

さらに東南アジアおよび南アジア。

前岸内閣は、安保条約改定で倒れたのが劇的すぎて、アメリカ一辺倒と見られることが多いのですが、実は東南アジア訪問も行っていて成果をあげています。アメリカのことを嫌っている他のアジア諸国と日本が仲良くすることによって、日本にもアメリカにも利をもたらすという考え方です。もっとも仲良くなりすぎてＯＤＡ（政府開発援助）利権をめぐり韓国やインドネシアとの癒着が問題になりましたが。

池田も東南アジアの自由主義国との関係を重視して朴正熙との会談の四日後、十一月十六日から東南アジア四か国を訪問しています。どの池田の本にも「東南アジア」を訪問したと書かれているのですが、訪問国はパキスタン、インド、ビルマ、タイなので現在なら別の名前がつきそうです。

米ソを二大巨頭とする東西冷戦構造においてアジア・アフリカ・ラテンアメリカの発展途上国を第三世界と言い、この頃、彼らの連帯運動が高まっていました。この年の九月にはユーゴスラビアのベオグラードで第一回非同盟諸国会議が開かれ、二十六か国が集いました。池田の「東南アジア訪問」の直前にも、インドのネルーは、ユーゴスラビアのチトーやエジプトのナセルと会談をして「全面軍縮の緊急性」を決議しています。「我々はアメリカ陣営でもソ連陣営でもなく中立だ」と、「非同盟」という名の同盟を組みます。

当時のユーゴスラビアは「ユーゴスラビア社会主義連邦共和国」ですから、いちおう社会主義国なのですが、ソ連と喧嘩ばかりしていました。エジプトはソ連の支援を受けながら、本当は西側諸国と仲良くしたい。インドはパキスタンと対立していて、パキスタンの味方をする国の逆につくので、場合によってアメリカともソ連とも手を組みます。そしてネルー、チトー、ナセルの三人はみな、はっきり言って独裁者です。「非同盟」の実態は「独裁者倶楽部」です。だから「中立」などと言える。「中立」は「両方の敵」ですから。

民主主義国家はいったん同盟を結んだら、なかなか破棄できません。これは日本だけの話ではなく、NATO（北大西洋条約機構）諸国も同じです。イギリスやフランスが明日からロシアと組むようなことはありえません。

同盟国を簡単に裏切るようなことは、独裁者でないとできないのです。

池田はパキスタンの大統領アユーブ・カーンとは前年（一九六〇年）末に東京で通商援助協定を結ぶなどして知り合っており、西側陣営に近い国であったため話も通じやすかったようです。この東南アジア訪問もカーン大統領のパキスタン招待につづいてインド、ビルマ（現ミャンマー）、タイから相次いで招待が来たので、まとめて訪問することになったという経緯があります（『随筆池田勇人』四七八、四八〇頁）。

インドは歴史的経緯からパキスタンとは対立していますし、ネルーは非同盟中立主義の中心人物です。池田は緊張して会談に臨むかと思いきや、記者会見で「この美しく豊かな国に迎えられて」と普通なら言うべきところを「この民度の低い、貧富の差の甚だしい国を見ておどろいている」と言ってしまいました（同、四八一頁）。

訪問したすべての国で池田は「日本は明治維新においても、敗戦後においても、自由主義的経済の発展というものが、国をつくるうえに非常に役だつことを知った。その体験をぜひ聞いてもらいたい」と語りました（『池田勇人とその時代』一六四頁）。

中共の影響力の強いビルマでは高飛車に「統制経済はダメ」と説教し、逆にタイでは独断で九十六億円を八年間で支払うことにし、タイはこれを対日輸入決算に充てることを取り決めました（同、一六六～一六七頁）。

池田はとくにタイを重視しました。ビルマでは電力の無駄遣いに文句をつけたりしていましたが、タイでは出された要求を呑んでいます。

バンコクのパーティで、タイの文部大臣から「是非、また来てください」と言われた池田は「また、サリット（タイ首相）にねだられるから、いやだ」などと答えています（小坂善太郎『あれからこれから――体験的戦後政治史――』牧羊社、一九八一年、一三六頁）。こんな嫌みを言いながら、池田はタイのことを大切にしました。

池田はつっけんどんな態度でしたが、実際には最重要視したかのような政策です。ちなみに、池田のタイでの通訳は外務省ノンキャリの石井米雄でした。後に京大教授として日本のタイ研究のパイオニアとなる人です。最初は冷たい印象だった池田が突如として車の中で、「この国は大事な国だね」と石井につぶやいたそうです（石井米雄『道は、ひらける――タイ研究の五〇年』めこん、二〇〇三年。池田・サリット会談の詳細は、一〇九～一一三頁）。

どうでもいいですが、石井先生はアジア歴史資料センターの初代センター長で、私の昔のバイト先の上司、というか長でした。いい人だったなあ（遠い目）。

第七節　キューバ危機で同盟の義務を果たす

池田は、日米同盟を基軸としつつも、韓国から東南アジア、インド・パキスタンまで自由主義陣営との結束を強めようとしていました。単にアメリカの顔色を窺うのではなく、日本も自分の頭で考えて外交しようとの方針を打ち立てたのです。それが試されたのが、キューバ危機でした。

ソ連は、アメリカの傍にあるキューバに、ミサイル基地を建設しようとしました。この動きに対し、昭和三十七（一九六二）年十月二十二日、ついにケネディは「ソ連がキューバに設置したミサイルを撤去しなければ、キューバを海上封鎖する」と宣言しました。このキューバ危機は、あわや第三次世界大戦の勃発かと、世界中が固唾を呑んで成り行きを見守った事件でした。

二十三日にライシャワー大使から日本の全面的支持を要請するケネディ大統領の親書を手渡され、池田は翌日の外務省首脳らとの会議でケネディ支持を決断します。

ケネディの撤去要求に対しフルシチョフは、「トルコの核を撤去したら、こちらも撤去しよう」と応じました。それで、トルコの核ミサイルが撤去されました。

これでなぜ「ケネディは偉い」との評価につながるのかは謎ですが、まあいいでしょう。大事なのは、アメリカは敵と味方を間違える天才であり、敵をつくる天才であり、回した敵を結束させる天才です。ですから、いざというときは誰よりも早く「味方だよ」とアピールしなければなりません。そうでないと、まかり間違えば敵認定されてしまいます。

そして池田の判断は、イギリスやフランスと同じでした。日頃悪態ばかりついているフランスのド・ゴール大統領は、誰の意見も聞かずに即座に反応したといいます。いざというときに味方になるから普段は言いたい放題が言える。それが外交です。

というわけでキューバ危機では西側世界が結束してケネディが撒いた種を刈り取ることに協力しました。池田は自由主義陣営の一員として、同盟の義務を果たしました。

第八節　「トランジスターのセールスマン」は大嘘

昭和三十七（一九六二）年十一月、池田はイギリス、西ドイツ、フランス、イタリア、オランダ、ベルギー、バチカン市国のヨーロッパ七か国訪問の旅に出発しました。アデナウアー（西ドイツ）、ド・ゴール（フランス）、マクミラン（イギリス）、ファンファーニ

（イタリア）、ルフェーブル（ベルギー）、デクワイ（オランダ）の各国首脳と会談します。日本の首相としては吉田、岸についで、三人目の訪欧でした。

池田は各国首脳と世界情勢について意見交換を行ったことはもちろんですが、国際政治における日本の立ち位置をはっきりさせるべく「三本の柱」構想を打ち出します。自由主義諸国は、北米、ヨーロッパ、そして日本およびアジア、三本の柱が協力しあって前進しなければならないというものです。

ヨーロッパはこの四年前（一九五八年）にEEC（ヨーロッパ経済共同体）を結成していました。後にEC（ヨーロッパ共同体）、そしてEU（ヨーロッパ連合）へと発展する組織で、右記六か国はルクセンブルクを除いたEEC原加盟国とイギリスという組み合わせです。なおイギリスは一九七三年にデンマーク、アイルランドとともにECに加盟します。

このEEC中心国との交渉では、各国に日本市場の有望性をアピールし、ガット三五条の援用廃止を求め、あわせてOECD（経済開発協力機構）への加盟をさせてもらおうとの狙いがありました。

ガット（関税と貿易に関する一般協定）とは第二次大戦後、国際貿易を自由化する意図で結ばれた国際協定です。ＷＴＯ（世界貿易機関）設立により平成七（一九九五）年一月に発展的に解消しました。

日本は昭和三十（一九五五）年にガットに加盟しましたが、「既加盟国が新規加盟国との間でガット関係を結ぶことに同意しないときは、ガット締約国でもガット協定を適用しなくてもいい」とするガット三五条によってヨーロッパ諸国から関税や輸入制限をかけられていました。こうした日本に対する貿易差別を撤廃してもらおうとの交渉が今回の訪欧で行われたのです。

池田は各国で概ね好意的に受け入れられます。イギリスは十一月十四日に日英通商居住航海条約を調印すると、三五条援用を撤回します。これに続いて他の欧州諸国も撤回を表明していきます。また、昭和三十九（一九六四）年四月、日本がＯＥＣＤに加入することになるのも池田在任中のことです。ＯＥＣＤは別名「先進国クラブ」です。日本はもはや敗戦で衣食住も足りない国ではなく、名実ともに経済大国として世界から認められる国になりました。池田がそういう国にしたのです。

ところでフランスのド・ゴールとの対談で有名なのは、ド・ゴールが池田のことを「トランジスターのセールスマン」とからかったという話です。しかし、これは眉唾のようです。同行した秘書の伊藤が書き残しています。

のちに、ドゴールは、池田のことをトランジスターのセールスマンと言ったとつたえられるのだが、これは反ドゴール派のフィガロ紙が記事にしたものだ。フィガロ紙はかつて、アメリカが鶏肉の対仏輸出をはかったとき、ケネディを「チキンのセールスマン」と呼んだ。私はニワトリよりもトランジスターのほうが近代的だと思ったが、池田は、「会議の内容を知りもしないで、なにを言うか」と怒っていた。

（『池田勇人とその時代』一八七頁）

池田は会談の中身を知らないくせにと怒ったそうです。

またイギリスではこんな会話もありました。

マクミラン「スカルノを知っているか」

池田「知っているが、会いたくはない。アメリカとソ連の両方から金をとってどうも不潔な感じがする」

マクミラン「スカルノを押えるのはあなたしかない。なんとかたのむ」

（同、一九〇頁）

これが翌年の第二次東南アジア、オーストラリア、ニュージーランド訪問のきっかけとなりました。

昭和三十八（一九六三）年九月二十三日、池田は第二回「東南アジア訪問」に出ます。今回はフィリピン、インドネシア、オーストラリア、ニュージーランドです。このときもまた東南アジアでない二国が含まれています。

池田はＥＥＣの発展を見て、アジアにも経済共同体をとの構想を抱いていました。ヨーロッパのように経済状態の似通った地域ではないので一挙には無理でも、二国間協定を深めていき、全体へと広げていこうと考えていました。もっとも、持ち掛けられた国々はまだその段階にないと、あまり乗り気ではなかったようです。

しかし、池田の着眼と構想は理にかなっています。池田の外交政策を時系列にまとめて見てきましたが、すべてつながっています。韓国、フィリピン、タイ、インドネシア、オーストラリアと縦に線を結ぶと、ソ連を太平洋に出さない防壁ができます。

かつてアメリカ国務長官のアチソンという愚か者が「アリューシャン、日本、沖縄、台湾、フィリピン、オーストラリアの線を守る」と発言し、韓国がその中に入っていなかったために、北朝鮮は「韓国は守らないんだな」と解釈し、「じゃあ、取ってやろう」と朝鮮戦争が起きました。自由世界が連帯し、自由世界を守るのだという姿勢を示すことで互いの安全保障につながります。

自由世界の盟主はアメリカですが、日本はアメリカの同盟国として、アメリカと仲の悪い国々のところに入り込んで、ソ連を太平洋に出さない役回りを担っていきます。さらにビルマが自由世界に与することになるとソ連を大陸に封じ込めるための外交として効果的です。池田は、そうした同盟国の構築にいそしんでいたのです。

ところで池田の訪欧と同時期の昭和三十七年十一月九日、日中長期相互貿易に関する覚書が調印され、LT貿易が始まります。LTとは覚書に署名した両国の代表の名前、廖承《りょうしょう》志《し》と高碕達之助の頭文字です。

当時の中華人民共和国はメチャクチャです。あの国はいつもカオスですが、その規模が尋常でありません。スターリン死後、フルシチョフがソ連の最高権力者となりますが、毛沢東はフルシチョフをなめて中ソ論争を始めます。そして「大躍進」（一九五八〜六一年）

という自国民に対する大虐殺政策が行われるのがこの頃です。農工業を急速に発展させようとしたらしいのですが、やり方を間違いすぎて生産意欲が減退し、約二千万～四千五百万人の餓死者が出たとされています。

台湾との関係を維持しながら、そんなカオスな中共とも、ソ連に対抗するためには、ある程度仲良くしておかなければなりません。ちなみに当時の台湾も蔣介石が三十五年も戒厳令を敷いた独裁国家でマトモな国ではないのですが、大陸は規格外です。

外務大臣は小坂善太郎で親中派です。ただし台湾を完全に切り捨ててしまう後の田中角栄路線とは違います。池田のことを「日本を中国に売った総理大臣第一号」のような言い方をする某大学教授がいますが、池田はあくまでもソ連に対抗するために中国とも話し合いを持っただけであって、国を売るようなことはしていません。小坂の後任の大平は「台湾切り捨て親大陸」の姿勢を時々見せますが、そのつど池田はそうした動きを抑え込みます。池田は細かいことには口出ししませんが、外政の原理原則は明確なので、要諦は外しません。

ついでに言うと「親中」を党是とする公明党が池田内閣期に伸長します。これも対ソの視点である程度の「親中」が必要なのであり、そもそも公明党の伸長は岸内閣からですから、池田が突出していたのではありません。

池田内閣は政経分離の原則の下、正式な国交はないものの経済交流を通じて北京との友好関係を進める方針を、国会答弁や記者会見の場で表明してきました。それに沿って覚書貿易がはじまるのですが、池田内閣での日中関係は覚書貿易以上の進展はありませんでした（『池田政権・一五七五日』一八八～一九二頁）。岸信介が露骨に韓国・台湾べったりだったので、池田勇人が微修正したというだけです。

それでも台湾側は不満です。そんなときに中共からの訪日代表団の中から亡命希望者が現れ、しかも本人の希望が二転三転したことから、最終的に台湾ではなく中共に送り返したために政治問題化します。台湾との関係が断交寸前にまで陥りますが、蔣介石と関係の深い吉田元首相、ついで大平外相が台湾を訪問し「中国大陸との貿易は民間貿易に限る」と伝え、関係をなんとか保ちます。

今でこそ中国・北朝鮮が独裁体制の国なのに対して、台湾・韓国は政治家を選挙で選ぶ民主主義の国ですが、当時は韓国も台湾も独裁政権でした。東アジアの国で民主国は日本だけだという状況を忘れてはいけません。

韓国の朴正煕はクーデターで政権に就きました。蔣介石は毛沢東に大陸を追い出された後、台湾に拠点を築き、死ぬまで戒厳令を敷きつづけました。もともとの台湾人からしてみれば、蔣介石率いる国民党は外からやってきた支配者です。いわば植民地支配をするイギリス人やフランス人のようなもの。しかも大陸は共産党の手に落ちてしまいましたから、帰るところのないよそ者の支配者です。蔣介石としては文字どおり背水の陣ですし、民主化などしたら選ばれるわけがないので台湾民衆を独裁によって抑えつけました。

どっちをとっても独裁国ですが、池田の頭の中には地政学があり、「日本は海洋国家として生きて行く。大陸勢力とは組まない」という明確な方針がありました。

第九節　一年任期で内閣改造の安定政権に

国内政治に話を戻します。

昭和三十五年七月十九日に第一次池田内閣が誕生しました。半年後、解散総選挙を経て十二月の内閣は岸内閣で大臣になれなかった人を大臣にしてあげる優しさと思いやりの内閣でしたが、派閥均衡人事であまりうまくいきませんでした。それで半年後、昭和三十六年七月十八日に内閣改造で実力者を閣内に揃えました。第一次内閣誕生と同じ日付ですからちょうど一年たっています。

さらに一年後の七月十八日に第二次内閣改造、二年後の同日に第三次内閣改造が行われています。

同年十一月に解散総選挙が行われ、十二月九日に第三次池田内閣が成立しますが閣僚はほとんど変わりません。

そして翌昭和三十九（一九六四）年七月十八日に最後の内閣改造が行われます。

よくも悪くも一年おきに人事異動。じっくりと腰を据えて仕事ができない一年任期内閣のもとを作ったのが池田でした。もっとも池田時代は安定政権だったから、これができたとも言えます。それに、しっかり人事評価をして、大きな仕事をやり残している人は優秀なら留任させています。

しかしバカな総理がこれを真似すると、優秀な閣僚も外してしまうし、一年で仕事をやりきれない閣僚が大臣になると、結局、仕事が終わらないまま交代です。

官僚にしてみたら、やっと大臣に仕事を教え込んだと思ったら次の人に代わってしまって、また一から教えなければならないので、ゲンナリします。バカな大臣のほうが操りやすいかもしれませんが、ちゃんと振り付けに従ってくれないと困る。

このように機能不全を招きやすいシステムなので、この点では池田方式は功罪あい半ばするところです。もっとも、「大臣病患者」を大量生産した最初は吉田茂でした。「国会議員なんて、どんな馬鹿でも七回当選すれば大臣になれるシステムにしておけば、文句を言わないだろう」と考えて、実行しました。池田はそのシステムを使い、自分の政権を安定化させただけです。もっとも、派閥の領袖が順送りで推薦しても、自分が納得する人物を推薦するまでは「他には？」と聞き続けたとのことです。

さて、昭和三十七年七月の参議院選挙でも自民党は圧勝します。このときの遊説先で池田は「人づくり国づくり」を掲げます。「経済成長し、所得は増えた。けれどもそれ自体が目的ではなく、国民生活を良くし、立派な国をつくることが目的であって、所得倍増はその方法なのだ」と説きました。人づくりでは教育や科学技術の振興、国づくりでは調和のとれた経済成長を推進し生活水準を高めることを謳っています。

ちなみに、「晩年の池田が所得倍増に自信が持てなくなり『人づくり』を言いだした」などと主張する学者がいますが、まだ政権前半です。

ここで池田が考えていたのはいかにして国を守るかということです。十分な軍事力を持てばいいのですが、それが許されない状況でした。池田は考えました。「議場でなぐりあいをやる政治家、汚職をする政治家、日本以外のどこかほかの国を祖国だと考えるような政治家、こういった大人たちが、はたして人づくりをすることができるか」（『池田勇人とその時代』二四〇頁）。経済的に豊かになっても、それだけでは勇気や使命感、祖国愛は出てきません。貧しさを克服したあとは国を愛し、精神的に独立した人間を育てることを目標に掲げたのです。池田が政治家になり大蔵大臣を務めているころ、日本はまだまだ貧しかった。ようやく経済成長を経て人づくりや防衛の余裕が出てきたということでもあります。池田の政策はその意味で一貫しています。

全国遊説中、池田は秘書の伊藤に「総理を辞めたら、ブーちゃん、君と二人で寺にでもこもろう。全国を行脚して青少年と話してみよう」と言ったとのこと。

参院選後の内閣改造では、大野副総裁、前尾幹事長、赤城総務会長を留任させます。政調会長には、無派閥の賀屋興宣を抜擢しました。昔の大上司、戦時中の近衛内閣と東条内閣で大蔵大臣を務めた人です。当時は右翼の総帥の如く思われていました。

若い田中角栄が大蔵大臣で大平正芳が外務大臣となるので、大野伴睦が「この内閣は、田中・大平連立内閣ではないか！」と一喝する場面もあったとか。

政権を安定させるコツとして他派閥のナンバー2を重用する方法があります。次世代で派閥の領袖になりそうな人です。そこで佐藤派の田中角栄と自派の大平を並べました。

田中角栄を重用したのは、佐藤栄作や岸・福田ラインなどスキあらば後ろから撃とうと構えている党内の敵への対策です。

やたらと持ち上げる人が多い田中角栄は、幻想まみれです。

田中は岸内閣の郵政大臣としてテレビ時代の幕開けを切り盛りしました。郵政省を三流官庁から利権官庁に格上げし、政治とマスコミの癒着を本格化させました。池田内閣では自民党政調会長として仕事ができる男として認められ、史上最年少の大蔵大臣に登用されます。池田が敷いた高度経済成長の路線を実行しました。佐藤内閣では幹事長として空前の大勝、自分の子分を大量に培養し、総理への跳躍台とします。通産大臣としては揉めに揉めていた繊維交渉をまとめ上げました。要するに、使い勝手が良いのです。しかし、ナンバー2まではよくても、トップにしてはならない政治家です。角栄を評価するときは、人に使われている時とトップに立ってからを分けるべきでしょう。

荒木万寿夫文部大臣は第一次内閣から四期留任しています。ちなみに高校以来の池田の囲碁仲間です。お友達だから信頼が厚いのでしょうか？

佐藤栄作、三木武夫、藤山愛一郎が閣外に去り、大平のほかにも宮澤喜一が経済企画庁長官、黒金泰美が官房長官になるなど池田ブレーンが並んだため、「秘書官内閣」などと呼ばれました。このとき史上二人目の女性閣僚として科学技術庁長官に近藤鶴代が入っています。

改造直後の記者会見で言った言葉は「うちの石だって据えるところは、いつも考えているんだよ」と述べたとか（『池田政権・一五七五日』一七四頁）。池田は石いじりが趣味で、自宅の庭石の配置も自分で考えて決めていました。

第十節　池田は防衛政策を軽んじていない

欧州訪問の翌年、昭和三十八年の正月には、池田は「日々是好日」を繰り返し言っていて、平和な年明けです。

この七月十八日の内閣改造では再び閣内に実力者を揃えます。

組閣前に池田は吉田と会っていて、次は佐藤に譲ってくれと言われたとのことです。佐藤は池田批判をしていたのですが、吉田のとりなしもあって、オリンピック担当大臣・科学技術庁長官・北海道開発担当大臣として入閣します。

副総裁・大野伴睦、幹事長・前尾繁三郎は留任します。そして総務会長・藤山愛一郎、政調会長・三木武夫です。腹心の前尾を除き、四役中三人が派閥の領袖です。河野一郎は建設大臣に、川島正次郎はスキャンダルで外れますが主流派でなくなったわけではありません。しいて言えば福田赳夫が一人で吠えていて今の石破茂のようですが、それ以外はどこにも反主流派がいません。平和すぎてつまらない内閣です。

ちなみに、このとき池田が国税課長であったときの大蔵大臣・賀屋興宣が法務大臣に就任しています。

また、この内閣では防衛庁長官に福田篤泰が就任しています。あまり知られていませんが、この人の時代に防衛政策が整えられます。

以下、樋口恒晴『「平和」という病』（ビジネス社、二〇一四年。初版は『「一国平和主義」の錯覚』ＰＨＰ研究所、一九九三年）によりながら、池田内閣の施策を見てきます。

昭和三十九年二月十九日の衆議院予算委員会で福田篤泰防衛庁長官は「日本の平和と安全を乱すおそれのある国際共産勢力に対して対処する準備をする必要がある」と答えています。要するに共産主義勢力を仮想敵国としているわけです。池田は徹底して反共・親米路線を貫いています。キューバ危機の際に積極的に米国を支持したことは前述のとおりですが、ケネディとの対談後の記者会見でも「中立主義はとらず共産主義と戦う」と明言しています。

訪欧の際にはイギリスのマクミラン首相との会談後、池田は秘書官のブーちゃんに、「日本に軍事力があったらなあ、俺の発言権はおそらくきょうのそれに一〇倍したろう」とぼやきました。

また、米誌タイム・ライフの編集局長との話です。

編集局長「池田総理は軍事的解決と、政治的・経済的解決のいずれを重要と考えますか」
池田「文句なしに軍事的解決です」
（『池田勇人とその時代』二三八〜二三九頁）

池田の防衛にかける熱意が伝わってきます。

また、池田は自衛隊の社会的地位の向上を図りました。多くの兵隊や強い武器も大事ですが、同様に重要なのが社会的な認知です。

たとえば防衛省幹部との会食を行いました。たいしたことないじゃないかと思われるかもしれませんが、首相と防衛庁幹部との会食は、次回は福田内閣期の昭和五十二年六月二日まで行われていません。そのほか箇条書きに並べます。

●昭和三十五年九月十八日、羽田の航空祭で自衛隊の戦闘機が自衛隊基地以外で初めて曲技飛行を披露。

●十一月二日、自衛隊高級幹部二十五人が戦後初めて皇居に入って天皇の引見を受け、四日の園遊会には林統幕議長と三幕僚長が制服組としては戦後初めて出席。

●「師団」「戦車」などの旧軍名称を復活。

●昭和三十七年五月二十六日、池田総理は殉職自衛官追悼式に出席(これも殉職自衛官追悼式への総理大臣の出席がそれ以後、昭和六十三年十月二十九日の竹下首相までないことを考えると、当たり前のことではない)。

●同年十月九日、「自衛隊の礼式に関する訓令」を改定して天皇への栄誉礼を可能とするように閣議了承をする。これを受けて十一日に初めて、自衛隊儀仗隊は天皇に対して捧げ銃をした。

●昭和三十八年一月十七日、国防会議議員懇談会直後の制服幹部を交えた昼食会で、首相が、護衛艦を欧州に外交使節として派遣する旨を指示。この年の夏、自衛隊の艦隊は初めて欧州経由で世界を一周し、これが毎年恒例の練習艦隊の世界一周遠航の嚆矢となった。

●昭和三十九年十月十日の東京オリンピック開会式では防大生の行進や航空自衛隊の曲技

飛行隊ブルーインパルスの空の五輪などが際立った。

岸政権は直線的に自主憲法・自主防衛との主張を押し出しクラッシュしました。安保闘争で政権が倒れますが、デモ隊の狙いは最後には「安保阻止」ではなく「岸退陣」になっていました。

その後を受けて誕生した池田政権は経済を旗印に掲げましたが、決して防衛をおろそかにしていたわけではありません。自衛隊が事実上、軍隊として機能するよう計らいました。また高度経済成長と所得倍増政策にしても、ただ単に「豊かになろう」ではありません。職場でまじめに働けば、十年で月給が二倍になるのです。それならデモに行くより、働いたほうがよほど建設的です。将来に希望がないから左翼の活動家などになるのであって、バラ色の未来が見えれば、もっと別のことをします。つまり、革命活動が下火になる。

憲法を改正しなくても自衛隊のためにできることはいくらでもあるのです。池田は「改憲しません」と革新（リベラル）系マスコミを謀りながら、シレっと自衛隊の地位を向上させていました。

当然、実際に国軍化をはかります。これまた樋口先生の御著書に基づき、箇条書きにします。（　）内は私の補足です。

●師団改編。池田は九千人に引き上げた（普通の国では、師団は一万人を切ったら師団として機能しないと考えている。現在の自衛隊では、定員割れなどで六千人の師団もいる）。

●有事には連隊戦闘団二千人を編成する体制に。日本の錯綜地形を前提に一夜のうちに隘路を通過しうる三百台の車両を前提（現在は戦車不要論どころか、陸上自衛隊不要論が幅を利かせている。そもそも、有事の概念があるのかが不明）。

●航空自衛隊は、全国にまたがる防空網を整備。防空兵力が戦後最高に達する。

●統幕議長に命令執行者としての地位を付与。旧安保体制下では在日米軍の指揮に入るとの暗黙の了解があったが、事実上は作戦指揮権が日本に返還。

もちろん、朝鮮戦争以後の防衛力整備の延長線上での政策ですが、池田は通説で言われるような日本国憲法墨守のハト派ではありません。

ただ、宏池会事務局長・田村俊雄が満洲でソ連に協力することを条件に早期帰国したことが池田の難点でした。池田が防衛費を積極的に増やしたのは田村の死後、昭和三十九年度予算編成のときだけです（『「平和」という病』一〇八頁）。

憲法改正をしないと宣言したのでマスコミはおとなしくなり、支持率は下がらない。しかし、池田はしたたかに、サクサクと、できることを推し進めました。

第十一節　林修三法制局長官の憲法解釈

憲法にかかわる問題も、実質的に解決しています。

憲法改正こそ行いませんでしたが、解釈改憲を徹底しました。これについて当時の林修三法制局長官の存在が決定的です。林は、鳩山・石橋・岸・池田の四代の内閣で法制局長官（任期中に名称が内閣法制局長官に変更）を務めました。


国会の論議や、新聞、テレビの報道などで、政府が、次から次へと憲法第九条の拡張解釈を重ねているというように思いこまされている世間の人々は、ちょっと異様に感ずるかもしれないが、この論議の経過を国会の速記録などをもとにして詳細にたどっていただけば、私のいっていることがうそではないことはわかるはずで、すべては、私どもが、昭和二五年頃から二八年頃にかけて、詳細に検討した上でかためた憲法第九条の解釈についての考え方がもとになっているのであって、世間で拡張解釈といっていることは、その応用問題ないしは適用問題にすぎないのである。世間はもちろんのこと、マスコミや国会議員なども、政府の解釈態度が漸次変わっていっているように受け取ったのは、主としては、政府側、特に、法制局側の見解が、ことの成行上当然に、質問に対する答弁の形で示され、質問されないことまで積極的に進んで答えることをしなかったことによるものである。質問の内容が変わり、角度が変わるにつれて、政府側の答弁もそれに即応してなされるため、世間的には目新しいことをいったように写っただけのことである。

（『法制局長官生活の思い出』八九～九〇頁）

実際に戦後、林長官までは、その考え方が一貫していたと言えるでしょう。つまり、敗戦直後から、日本国憲法、特に九条なんて捨ててしまって、自主憲法自主防衛をする国になるのは、自明の前提だったのです。政界でこれを受け入れていないのは共産党と社会党左派くらいで、自民党と社会党右派、民社党にとっては言うまでもない前提です。

さて、林は何をやったか。

今の人には今の話から入ったほうがわかりやすいと思うので現在の状態を見てみます。

現在の内閣法制局の解釈は次頁の図Aです。

法律の条文で自衛隊が「できること」と「できないこと」が明確に定められている項目に関しては、そのまま「できること」はでき、「できないこと」は当然できません。しかし、中間の曖昧な部分はどうでしょうか。現在の解釈では、「できない」とされます。

平成二十七（二〇一五）年、安倍内閣が安全保障関連法（安保法）を可決し、「戦争ができる国になるぞ」のような、それ自体「だったら何？」のような話がありましたが、戦争なんかできません。真ん中の曖昧な部分の、ほんの一部をちょこっと増やしただけです。それも、本当に増えたのかどうかよくわからないぐらいわずかなものです。

池田時代までは図Bです。明らかに「できること」「できないこと」の部分は変わりませんが、曖昧な部分に関しては、できたのです。「できない」と定められていること以外はOK！

「できない」具体例とは、

・ICBMを持つ。

・平時から中立国の船を拿捕する。

条文の解釈

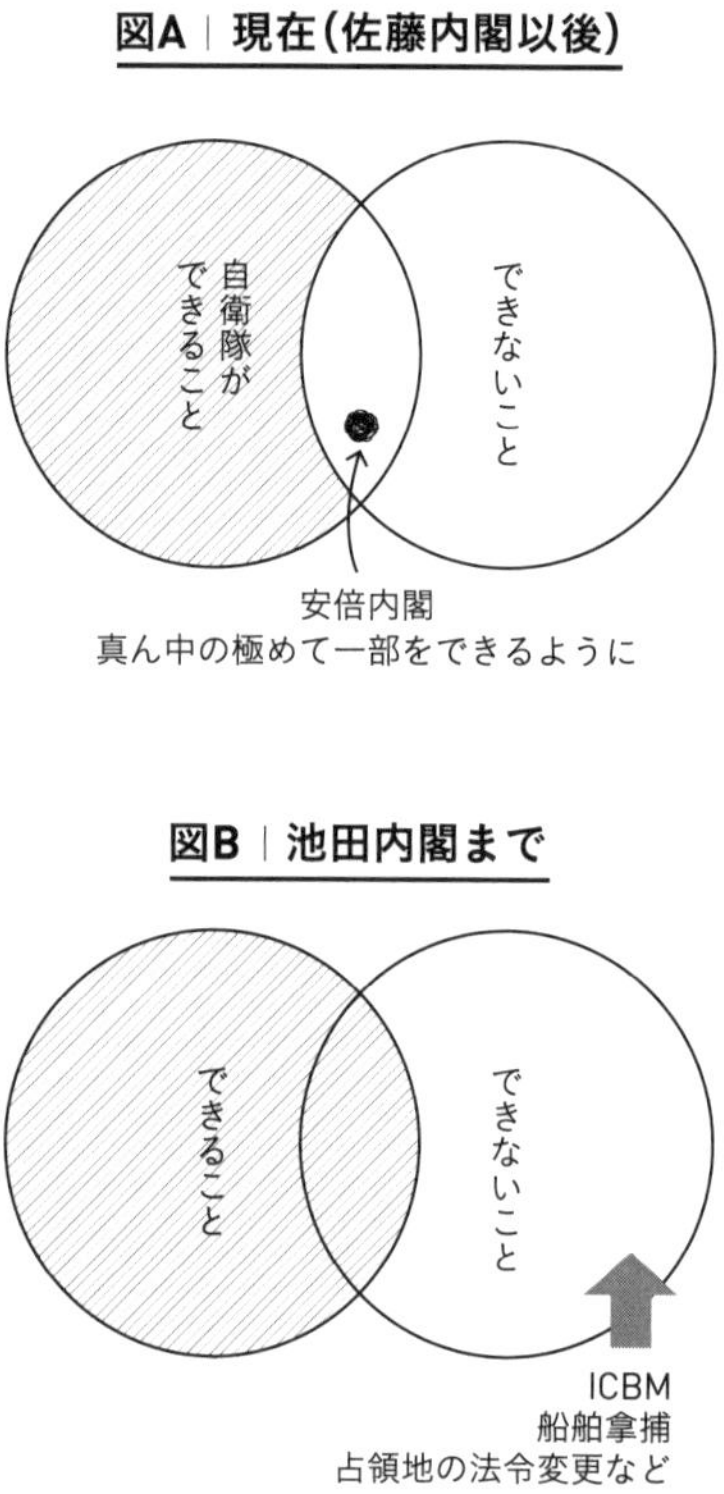

・占領地の法令を変える。

など、できもしないことや、やらなくていいことばかりです。そんなどうでもいいこと以外は全部できるようにしていました。

　そもそも論ですが、警察と軍隊の違いは、許可制か禁止制かです。警察は「できる」ことが限定されています。一言でまとめると警察は捜査と逮捕以外は行ってはいけません。

逆に軍隊は禁止されていること以外は何をやってもいいのです。そうでないと、いざというときに動きがとれず、国が守れません。

図Aの解釈では自衛隊は警察と同じです。安倍内閣が通した安保法制にしても「できること」が増えただけ。一年間バカ騒ぎして「できること」が少し増えたかもしれないぐらいの法改正しかできませんでした。しかも法律上は「できること」が増えたにもかかわらず、予算が伴わずに結局、自衛隊は動けない。むしろ条件はかえって厳しくなっているのでは？　という状況です。

池田内閣時代には図の真ん中にいっさい触れず、「できないこと」だけを列挙しました。つまり、ふつうの軍隊をめぐる法整備、禁止事項列挙型でした。林長官時代には自衛隊は軍隊になっていたのです。

安保法制議論がかまびすしい頃、平成二十七（二〇一五）年八月二十一日に参議院で次世代の党（当時）の和田政宗参議院議員が法制局長官に質問しました。

次に、集団的自衛権の考え方についてお聞きします。

集団的自衛権については、全く何もないところから、昨年、政府解釈により集団的自衛権が生み出されたというような誤解をしている方もいます。しかし、集団的自衛権は我が国が保有することは一貫して政府も認めてきておりまして、昭和四十七年の政府見解によって、行使についてはできないとしたわけです。つまり、キャップをかぶせて制限をしたわけです。それを、昨年、政府解釈の変更によって、キャップを外して行使できるとしたわけで、我が国の防衛のため、過度の制限を外して適正化をしたわけです。

昭和三十五年三月三十一日の参議院予算委員会において、林修三内閣法制局長官は、集団的自衛権については幅のある解釈があると答弁し、岸総理は、集団的自衛権という内容の最も典型的なものは他国に行ってこれを守るということだが、それに尽きるものではないと答弁しています。

集団的自衛権には幅のある解釈がある。すなわち、昭和四十七年以前は、他国まで出かけていってその国を一緒に戦闘を行って防衛をする集団的自衛権は認められないけれども、それ以外の集団的自衛権については行使し得るという考え方があったと理解してよろしいでしょうか。

（第１８９回国会　参議院　我が国及び国際社会の平和安全法制に関する特別委員会

（第11号　平成27年8月21日）


和田議員が「林長官のときは違う解釈をしてましたよね」と突っ込むと、当時の横畠祐介内閣法制局長官がシドロモドロの答弁をして、グダグダになって終わりました。

吉田内閣以降さりげなく防衛努力を積み重ねていました。林長官は鳩山・石橋・岸・池田と四代の内閣で法制局長官を務め、憲法九条を骨抜きにするための長官だったと言ってもいいぐらいの人です。

内閣法制局の憲法解釈を検討すると、岸と池田の両内閣は「憲法九条を骨抜きにする」との姿勢で一貫しています。当たり前ですが、同じ人が長官なのですから。

第十二節　なんとなく解散と不穏な空気

昭和三十八年に話を戻します。

池田が第二次東南アジア訪問から帰ってきた頃のことです。前回の衆議院解散から三年ぐらいたったので、「そろそろ解散していいんじゃない」というムードが自民党と社会党に出始めて十月に解散しました。ただそれだけの解散なので「なんとなく解散」と呼ばれます。

さっそく十一月から総選挙にむけて遊説に回りますが、珍事件が起こりました。「池田は経済ばかり」との評は当時からで、憲法改正も防衛問題にも積極的でない（ように見える）池田は東北で演説中に右翼に襲われます。といっても地元の警察が未然に防いだので、池田自身は自分が襲われたことにも気がつかず、つぎの演説会場に向かう途中、車のラジオで「池田総理が右翼に襲われた」とのニュースを聞いて驚いたといいます（『池田勇人とその時代』二四九頁）。

二十一日の総選挙では自民党はわずかに議席を減らしますが、安定多数は変わりません。第二党が社会党で、民社党が伸び悩んでいる図も前回と同じ。そんなノンキな状況の昭和三十八年末でした。

池田襲撃事件は未遂に終わりましたが、総選挙の翌日、アメリカのケネディ大統領が暗殺されました。葬儀に誰が出席するか。「皇太子に訪米していただこうと思ったら宮内庁がことわり、吉田さんに行ってもらおうと思ったら、ライシャワーがことわった」（同、二五一頁）そうで、池田首相と大平外相がワシントンへ向かいます。

ケネディの柩が地中に埋められていくのを見ながら池田は思いました。「これが政治家の本当の死だ。俺もできるなら短刀のひとつも突きさされて、弾丸の一発もうちこまれて、死にたい。それが政治家池田の本望じゃないか。葬式に列席しているアイゼンハワーとトルーマンがしょんぼりしているのを見て、あんなふうに生きながらえて、いったい、なんになるだろう」（同、二五六頁）

ケネディ葬儀の前中後、池田はどうでもいいことで、いろいろと批判されました。

まず出発前には、池田は皇室から出席していただこうと骨折っていたのですが、池田の出席決定が遅れたことを「外国の出席者を見てイヤイヤ出席を決めた」と言われました。

アメリカに行ってから池田が黒金官房長官に株価の状況を聞くと、黒金はそれを記者団に話してしまい、「葬式に行ったのに株価の心配をしている」と叩かれました。

また新大統領ジョンソンのレセプションで、歯を見せて笑った写真に、「ケネディの葬儀に来ているのに不謹慎だ」。写真を流したのはＵＰＩ・サンで、「あのカメラマンたちのカメラは、ほとんど日本製ですよ」と言われて池田が笑顔になったところでした。しかし、多くの日本人はそんな背景があるとは知らずに写真を見て怒ったのです（『人間池田勇人』三四五～三五一頁）。

帰国して私邸に帰ってくると「万歳」という声があがり、記者たちに「葬式から帰ってきて、万歳とはおかしいじゃないか」と言われました。総選挙直後のケネディ暗殺だったので、関係者一同は選挙後はじめての顔合わせとなり、つい出てしまった言葉だったようです（『池田勇人とその時代』二五四頁）。

この頃から池田は「喉が悪い」と訴えていました。

選挙では、あいも変わらず自民党が多数を占め、十二月九日に第三次池田内閣が成立します。閣僚人事は七月の内閣改造から半年しかたっていませんから、全閣僚留任です。

ちなみに、吉田元首相が池田の勧告もあって政界引退を決め、今回の総選挙では立候補しませんでした。首相辞任後はトップ当選ができなくなったので、落選をしないようにとの池田の配慮です（『池田政権・一五七五日』二五三頁）。

第十三節　総裁選で佐藤に肉薄される

大人になっても学級委員みたいなきれいごとを言って他人を説教したがる人がいます。当時の自民党では三木武夫です。三木は「政党は近代化しよう」「派閥を無くそう」とか言い出し、あらゆる派閥の領袖に「できるかよ！」と相手にされませんでした。

しかし池田は三木の努力を多としていたようで、見返りに三木を幹事長に据えます。幹事長は自派閥から出すのが当時の慣例だったので、異例です。三木も後々まで「池田さんが長生きしていたら、自民党の金権体質は改善できたかもしれない」と述懐していましたが、どうでしょう。

昭和三十九年、池田の総裁任期が切れる年です。二期四年、務めました。政権運営は、内政は高度経済成長で絶好調、外政でも着実に日本の国際的地位を上げています。

ところが佐藤栄作が待ちきれなくなり、「オレに譲れ」とわがままを言い出しました。これに対して池田は禅譲の意思はないと断ります。池田は「弟分」の佐藤が手練手管で挑んできたので「バカなことを」と怒りをぶちまけました（『池田勇人とその時代』二七九頁）。

悪いことに、五月二十九日に大野伴睦副総裁が亡くなります。自民党副総裁として池田内閣を支えた大野は「俺の目の黒い内は総理にさせない」と公言していたほど、佐藤嫌いでした。ついでに言うと池田は当選して最初に一升瓶を持って挨拶に行ったので「官僚のくせに仁義を心得ている」などと、気に入られました。

それはともかく、領袖の死で大野派がどう動くかが微妙となり、池田三選が危うくなったとの見方が報道されました。

池田は多くの派閥を味方につけているはずなのに、佐藤派がとてつもない金権選挙をしかけてきて肉薄します。もうひとり藤山愛一郎という「通行人」がいますが、あまり気にしなくていいでしょう。

このときの隠語が面白い。二つの派閥から金を受け取ることを「ニッカ」、池田・佐藤・藤山の三陣営すべてから受け取ることを「サントリー」、複数の派閥から金を受け取りながら誰に投票したかわからないことを「オールドパー」と言いました。さらに敵陣営に入り込むスパイは「忍者」、個別に説得することは「一本釣り」、まとめて引っこ抜くことは「トロール漁法」です。

このように清くも正しくも美しくもない総裁選が行われました。三木武夫が「政治改革を行い、近代政党を作る」との答申を出した直後のドロドロ金権選挙でした。その三木派は佐藤派の草刈り場になり、三木武夫は派閥を乗っ取られる恐怖で胃潰瘍になってしまいました。総裁選にそなえて東大附属病院で検査してもらい「大丈夫です」と言われたのに、たった二週間で、胃壁を破るほどの急性潰瘍ができてしまうというすさまじい総裁選でした（三木睦子『信なくば立たず』講談社、一九八九年、一六六～一七〇頁）。

ブーちゃんが「常軌を逸していた」と述懐するくらいですから、異常な選挙です。

河野が池田とふたりだけのときに「相手が汚い手段に出ている以上、こちらも上品なことばかりも言っておれない。わがほうも遅ればせながら対抗しようではないか」と耳打ちしました。首相自ら関与するのはまずいということで、池田は知らないことにして、河野が軍資金を調達してバラ撒きました。

現職総理の池田がこのように苦戦した理由のひとつには、すでに病気が進んでいたことがあったようです。

現職総理はダブルスコアでも当たり前。苦戦しているとはいえ、池田は当初、過半数から四〇票差をつけて当選と予測していましたが、開票結果は池田二四二票、佐藤一六〇票、藤山七二票。池田は三選されましたが、佐藤＋藤山より一〇票を超えただけにとどまりました。松村謙三が「一輪咲いても花は花」となぐさめましたが、池田としては喜べません。

第十四節　その日、池田勇人は死んだ

池田は総裁に三選され内閣改造を行います。

幹事長は自派以外から初めてとなる三木武夫が就任し、大平正芳、宮澤喜一、黒金泰美は閣外へ去ります。河野一郎国務、赤城宗徳農林、田中角栄大蔵が留任したほかはメンバーを一新します。小泉純也（純一郎の父）が防衛庁長官になったのはこのときです。鈴木

善幸が官房長官になっていますが、どうでもいいです。

総裁選の約二か月後、以前から不調を訴えていた池田が入院します。九月八日の閣議後に鈴木官房長官が「慢性喉頭炎」のため、築地のがんセンターに入院すると発表しました。二十五日の病院発表では「前ガン症状」。まだガンになっていない、ガンの前の状態という意味ですが、がんセンターの梅垣放射線部長によれば「入院のとき、すでにだれが見たってわかる末期のガン」でした（『人間池田勇人』三七一頁）。

総理大臣がガンとなったら政治に影響があるし、株価にも影響するので、そういう政治的な病名をひねり出しました。また当時はガン患者本人には病名を伝えないのが普通でしたから池田にも死ぬまで病名は告げられていません。

本人は気づいていたようですが。

この年は東京オリンピックの年でした。十月十日の開会式に池田は出席し、元気そうな姿を見せますが閉会式には出ることなく、オリンピックのフィナーレとともに首相辞任を表明します。

そうなると問題は後継者です。七月の総裁選は未曾有の金権選挙でした。もう一度、醜悪な総裁選を行うことは自民党にとってもダメージが大きいと思われ、公選によらず話し合いで決めることになりました。

候補者として考えられるのは佐藤栄作、河野一郎、藤山愛一郎の三人です。またまた通行人の藤山がいますが、まずチャンスはありません。佐藤と河野の対立がどうにもならなくなったら選ばれるかもしれないぐらいの位置づけです。

結局、川島副総裁と三木幹事長の二人が調整し、池田が佐藤を指名しました。

そして、第一次佐藤内閣はほとんど閣僚を留任させる形の居抜き内閣となりました。官房長官の鈴木善幸だけは「総理に殉じます」と辞めました。

池田勇人は年末に退院し、翌昭和四十（一九六五）年三月末には「病気全快」が発表されますが、七月にはガンの再発が確認されます。

手術のかいなく、八月十三日に池田勇人は帰らぬ人となりました。

葬儀は十七日、佐藤首相を葬儀委員長として東京の日本武道館で自民党葬が行われました。

人々は経済的繁栄を謳歌し、やがて池田のことを忘れていきます。

第十五節　「鎮魂歌」より

ブーちゃんが、池田が亡くなってから半年ほどたった昭和四十一年十二月三日、池田の誕生日に「鎮魂歌」を書いています。

池田総理。あなたの在職四年四カ月で、あなたはなにをされたでしょうか。

所得倍増をかかげて、経済の高度成長をなしとげ、日本を自由世界の三本の柱の一つにしようとしました。安保騒動で荒廃した世相を一変し、寛容と忍耐、話合いの原則を議会民主主義のルールとして実践しました。日韓会談を事実上妥結させ、日中関係調整の原則を確立し、東南アジア外交の基礎固めをしました。韓国からインドネシアを経て、オーストラリア、ニュージーランドにいたるアジア繁栄圏の創設を、総理外交の目標としました。戦後、はじめて日本外交は世界政策をもつにいたるのです。これらはすべてあなたの働きであったと思います。

だが、それだけでしょうか。私はそう言いきってしまえないものを、あなたの四年四カ月に感じてしかたがありません。

池田総理。あなたは日本の国民に自信をあたえ、すすむべき方向を示されました。これが、あなたの最大の仕事であったと思います。どちらにすすんでいいのかわからないということは、たいへんな難儀であり、方向感覚をあたえるということは、それだけでたいした再建策なのです。もしそれ、そこに自信が付与されれば、ことはすでに半ば成就したと言ってよいでしょう。

辞職とほぼ同時に死んでしまいましたので、池田の回顧録などはありません。池田がもう少し長生きしたら自らの政治について何を語ったか、興味があるところです。

池田内閣はその全期間にわたって支持率が高く、朝日新聞の世論調査によると、不支持率が支持率を上回ったことが一度もありませんでした（『戦後政治史』一〇〇頁）。

また池田がなくなる直前に病院に見舞いに行ったライシャワー大使は「ご自分の首相時代をかえりみられるとき、あなたは満足に思い、誇りを感じられて当然の方です」と言っています（エドウィン・O・ライシャワー『日本への自叙伝』日本放送出版協会、一九八二年、四一二頁）。

さて、総理就任と同時に「私は嘘を申しません」と公約した池田は一つだけ、大きな公約違反をしました。

国民の皆さんが一生懸命に働けば、十年で月給が二倍になります！

たった七年で、国民の所得倍増は達成されました。

その時、池田勇人はこの世にいませんでしたが……。

さて、ここまでお読みいただいた皆さんにお聞きします。

通説

池田勇人は日本人をエコノミック・アニマルにした悪い奴だ。

果たして、本当でしょうか？

終章　池田勇人が総理を8年やれば、大日本帝国は復活した！

池田政権の高度経済成長政策を批判していたのは、佐藤栄作と福田赳夫です。急激な所得倍増ではなく、安定成長こそ必要だと主張していました。

池田が自民党総裁に三回目の出馬の構えを見せた時、佐藤は「長期政権反対」と阻止に立候補します。そして、常軌を逸した金権選挙を繰り広げました。

直後に池田が病気退陣、総裁選で善戦していた佐藤に政権が転がり込みます。

佐藤は最初こそ池田内閣の居抜きで臨みますが、半年後の内閣改造で自前の人事で組閣。蔵相には福田を起用しました。佐藤内閣福田蔵相は、池田以上の高度経済政策を採りました。結果、池田政権四年四か月と佐藤政権七年八か月の十二年間は、「戦後日本の黄金時代」となりました。

佐藤や福田のやったことは明々白々な公約泥棒で、議会政治の本場のイギリスでは卑怯者のやることと厳に戒められるのですが、日本人は「政治は結果責任だから」と問題にしませんでした。

佐藤を脅かしそうな政敵は、次々と死んでくれました。大野伴睦は既になく、大野派は分裂します。池田も退陣後にほどなく亡くなります。池田の死の一か月ほど前の昭和四十年七月八日、最大のライバルだった河野一郎も憤死同然に急死しています。その後の佐藤は、検察を使い旧池田派と旧河野派を弱体化させました（詳細は、小著『検証　検察庁の近現代史』光文社新書を参照）。

佐藤は池田の置き土産である日韓基本条約を締結したのを皮切りに、米軍に占領されていた小笠原と沖縄を取り返しました。戦争で奪われた領土を交渉で取り返した。これはいかに佐藤を批判する論者でも認めねばならない功績でしょう。ただ、沖縄返還交渉の過程で佐藤は「沖縄返還なくして戦後は終わらない」と連呼しました。では、佐藤が望んだ戦後の終わり方とはどのようなものだったか。佐藤が吉田茂の弟子で保守本流ならば、それは日本の真の独立でなければならない。

池田は憲法改正に着手しないと宣言、その裏で世間に目立たないところで自衛隊の国軍化を図っていました。

しかし、自衛隊は危機に見舞われます。

佐藤内閣が発足して三か月後の昭和四十年二月、「三矢研究（昭和三十八年度統合防衛図上研究）」が問題となります。「三十八年」の研究であることと、陸海空自衛隊を統合する意味で毛利元就の三本の矢の故事をかけて「三矢」と名づけられました。三矢研究は第二次朝鮮戦争が勃発したと想定したシミュレーションです。社会党議員がこの研究の存在を暴露し、政治問題化しました。極秘研究が漏れたことが問題なのではありません。有事に対処できる法体系になっていないので、図上研究では国会が急遽、有事法制を制定したというシナリオにしたことが、文民統制の範囲を逸脱する研究として非難されたのです。これ以後、有事研究はできなくなりました。

この時の防衛庁長官は池田内閣からの居抜きで小泉純也、事件継続中に松野頼三に代わります。この時、小泉と松野は必死に自衛隊を庇いました。佐藤自身は社会党のシナリオに乗って、事実上は自衛隊を潰さんばかりの勢いでしたが。ちなみに弱小派閥藤山派に属した小泉はもちろん、「佐藤派五奉行」のはずの松野は佐藤に恨まれ、長期政権の間は不遇で過ごします。その間、松野の同期の田中角栄は猛烈な勢いで出世の階段を登っていきました。

なお、佐藤内閣で防衛費は激減します。高度経済成長で、財源などいくらでもあったにもかかわらず。

内閣法制局も、前任の林長官までの歴代内閣で積み上げられてきた解釈を、新任の高辻正己長官が転覆させてしまいます。しばしば「内閣法制局が積み上げてきた解釈」と喧伝されますが、それは高辻以降の解釈なのです。林以前の解釈は、なかったかの如く扱われています（以上、自衛隊と内閣法制局については樋口恒晴『「平和」という病』を参照）。

敗戦直後の日本は国民の衣食住も足りないから、アメリカの防衛費増額要請にこたえることができない。だから、憲法遵守、軽武装、経済優先なのだとの吉田茂の一時しのぎの政策は、記憶が改竄されて、最初から「ドクトリン」だったとの歴史が捏造されました。

池田・ロバートソン会談のような厳しい日米交渉の歴史、あるいは池田内閣の政策を知れば、池田が「憲法九条を未来永劫守り抜いて経済だけに専念すればいい」などと考えていなかったのは理解できるでしょう。いつか単なる経済大国ではない真の大国に戻る。その仕事の途中で、池田は病に倒れました。

もし池田に長寿が許されたらどうなったか。

池田退陣から四年後の昭和四十三年、日本の防衛事情が劇的に変わりえた大きな機会がありました。アメリカのニクソン大統領が日本に核武装を求めてきたのです。

昭和四十二（一九六七）年六月、中共が初の水爆実験を実施しました。アメリカはベトナム戦争で苦しんでいました。ニクソンは同年十月に論文を発表し、その中で「世界の警察官」としてのアメリカの役割は今後限られたものになるからと、日本を含めた同盟国に防衛努力を訴えました。翌年十一月、佐藤首相は訪米しますが、このときニクソン大統領は沖縄の核兵器をアメリカ製から日本製のものへと変えるように促しました（江崎道朗『知りたくないではすまされない』ＫＡＤＯＫＡＷＡ、二〇一八年）。佐藤はこれに対して「非核三原則」で応えます。日本に戦う意思なしと見たニクソンはソ連の脅威に対抗するために中国に近づいていくことになります。

ニクソンが日本に「核武装して大国に戻る気はないか」と打診してきたときの首相が池田勇人だったら、どうでしょう。

外交交渉で「もし軍事力があれば発言力が一〇倍だったのに」と嘆く池田、「いざとなれば軍事的解決を行う」と即答する池田が、ニクソンに核武装を持ち掛けられていたら……。日本は核保有国となり、名実ともに大国の一員に返り咲くのは容易だったでしょう。憲法改正など、当然です。吉田から池田までの歴代総理は、その日が来るまで敗戦国の立場で耐えてきたのですから。ところが史実においては、佐藤内閣はアメリカの核武装提案を握りつぶしました。佐藤は「日本は永遠に敗戦国のままでいい」と決断したのです。

そんな日本をしり目に、中国はアメリカとの接近を強め、今やアメリカの覇権を脅かしかねない超大国に成長しました。佐藤の取り返しのつかない失敗です。

そう言えば、佐藤内閣の頃から「新憲法」が死語になりました。敗戦、日本国憲法制定から二十年、もはやこの敗戦憲法を押し戴いて未来永劫、敗戦国として生きていくことを日本人は決断したことになります。

日本国憲法とともに、自民党の存在も万年与党として定着しました。そこに業界団体がぶら下がり、実際の政治は官僚が行う。いわゆる政官業の「鉄のトライアングル」の完成です。

自民党は「資本主義と日米安保条約にさえ賛成すれば、その他の思想信条は問わない」とするいい加減な政党でしたが、佐藤後継の田中角栄が台湾を切り捨てて北京政府と組んだので、その二つすらいい加減になりました。

角栄はなぜか高度経済成長の申し子とされ、何がどう間違ったのか「戦後最高の総理大臣」とされています。しかし、首相の時の角栄は、日本列島改造論による狂乱物価で高度経済成長を終わらせました。しょせんトップの器ではなかった人間を持ち上げた、日本人へのしっぺ返しでした。悪いことに、石油ショックが直撃します。

それでも石油ショックを乗り越えた日本はバブル景気に沸きます。昭和の自民党政治は「国民に飯を食わすこと」だけは実行しました。

時は平成に代わりバブルは崩壊、日本は長いデフレ不況に突入します。その中で例外は、小泉内閣の五年間はゆるやかな景気回復を達成し、第二次安倍政権の八年間がさらにゆるやかな（たいしたことはない）景気回復を実現しました。自民党以外の政権では、村山富市社会党内閣の時に阪神大震災、菅直人民主党政権で東日本大震災。第二次安倍政権末期にはたいしたことがない景気回復すら消費増税であやしくなっていましたが、それでも災害対策だけはマトモにやっていました。

ところがコロナ禍です。安倍晋三前首相は「悪夢の民主党政権に戻してよいのか」と有権者を脅して佐藤栄作を超える長期政権を実現しましたが、コロナ禍の自民党の無能は軽く「悪夢の民主党」を凌駕しています。

ところで日本は戦後七十六年で、経済状態が悪い時期のほうが実は長いとお気づきでしょうか。

戦後まもなくはもちろん混乱期ですから経済状態がいいわけがありません。

そして昭和二十五（一九五〇）年に朝鮮戦争が起き、好景気となります。その後、昭和四十七（一九七二）年までの二十二年間は本当に景気がよい時期でした。一時的な落ち込みを除けば二十年です。

その後は石油ショックの長期不況で、バブル景気がだいたい五年。小泉・安倍の一三年は好景気というよりデフレが少しマシになっただけですが、この十三年をカサ上げしてようやく戦後七十六年間の半分程度の三十八年に達します。

さらに言うと、昭和四十八年以降の約五十年だと、本当に景気がよかったと言えるのはバブル期の五年だけです。

それでも日本は落ちぶれたとはいえ世界第三位の経済大国です。池田の遺産がいかに大きかったかがわかろうというものです。そして、私たちはその遺産を食いつぶしているのです。

もっともそれは経済の話で、外交はもっと悲惨です。世界政策を持つなど夢のまた夢。アメリカの属国ですらなく、アメリカと中国に小突き回されて、ダブルコリアにまでなめられるような惨状です。

こうした政治に、多くの人が絶望しています。「よりマシな選択の連続が政治だ」などとニヒルを気取っていたら、コロナ禍でこのザマです。諦めて我慢しているだけだと、永遠に坂を下るだけでしょう。

我々の生活だって落ちぶれていくだけです。

たとえば多少のサービス残業だって、「頑張って会社が業績を出せば自分の給料も上がる」と希望を持てれば耐えられます。それに終身雇用で、出世は早くないかもしれないけど、悪いことをしなければクビにならないから、多少のタダ働きやおかしなことにも耐えられます。しかし、会社は都合が悪くなればクビにするのに、タダ働きを強要してくる。断ればクビになる。それが嫌なら訳の分からない労働問題を起こすしかない。これまた池田勇人の遺産を喰い散らかした成れの果てです。

今の四十歳の人は、モノの値段が上がるのを見たことがありません。経済が成長していないからです。

高度経済成長時代は、頑張って働けば報われる時代でした。結婚して、子供ができたら教育も大変。でも今は、就職や結婚で苦労する。したくてもできない。当然、子供を産んで育てられない時代です。フリーター同士で結婚しても日々の生活で精いっぱい。子供が生まれてもフリーターの親は塾になんか通わせられません。

ちなみに私は昭和四十八年生まれ。第二次ベビーブーム世代で、「戦後最も悲惨な年に生まれた世代」と言われます。

生まれた年に石油ショック、高度経済成長は終焉しました。小学生時代は校内暴力全盛期、中学時代はいじめ全盛期、高校時代は受験戦争最激戦。ようやく大学に入ったと思ったら先輩が遊びながら一流企業に就職していくのを横目で見ながらバブルの匂いだけ嗅がされて、いざ自分たちが四年生になれば就職氷河期の到来。そして失われた何十年。「四十八歳、独身。フリーターで正規就職経験なし」のような人に、どんな未来があるのか。私の少なからずの同世代の人は諦めています。

では、どうするか？

池田勇人は、総理を辞めたら、全国を旅する教育者になりたかったとか。自分の国を愛するようになれば、おのずと何をすればいいかわかる。憲法改正なんて、おのずとできる。経済力も軍事力も大事だけど、何よりも国家の根本は教育である。

思えば私は、池田がやりたかったことを仕事にしているような気がします。指導者が大国に戻る意思を示す。そして国民に希望を示す。経済を豊かにし、軍事力を持ち、諸外国に媚びなくていい国となる。明治維新で富国強兵をやったのと同じです。強兵をつくるには、まず富国。経済大国が不況のままでは取り柄がありません。

お金だけあっても使い方を間違えれば意味がありませんが、お金が無ければ何もできません。コロナのような災害如きであたふたするような政治など論外です。

東京が水不足に陥ったとき、時の建設大臣の河野一郎は「利根川の水を斬れ！」と命令、技術的にどうのこうのと言い訳する官僚たちに、「そんなことはどうでもいい！」と一喝。実現させました。河野は逆らう官僚をバッタバッタとクビにしましたから、「農林省大惨殺」「建設省大虐殺」と恐れられました。

災害対策なんて、できて当たり前。古くは安政の大地震の井伊直弼や関東大震災の山本権兵衛を褒めたたえる人なんていません。

ところが今や政治の劣化で「災害対策くらい、ちゃんとやってくれ」と願わなければならなくなっています。

しかし考えてみれば、今の状況だって敗戦で国中が焼け野原になったときよりは、はるかにマシです。

諦めてしまうか。それとも希望を持ち、何をすればよいか考え、実行するか。

すべては我々自身の未来への意思なのです。

おわりに〜謝辞にかえて〜

本書執筆のきっかけとして、日本カバヤ・オハヨーＨＤ株式会社の野津基弘社長に感謝を申し上げねばならない。同社は「グループ存在目的」として、「日本国・国民としての誇りと自信を持ち、国家の繁栄に貢献し、勇氣を以って世界の発展に貢献する」を掲げている。そして、一人ひとりの社員が「今の経済大国日本を築いた池田勇人の生き様から、国家の繁栄に貢献する仕事を考える」との目的で、一年間、希望者を対象に東京と岡山で交互に池田勇人について講演したのが、本書の土台である。野津社長をはじめ、全員が熱心に聴講してくれた。私も学ぶところが多かった。

もう一人、本書の重要箇所で御著書を引用させていただいた、常磐大学教授の樋口恒晴先生である。樋口先生には二十二歳の時から、学問とは何かを叩きこんでいただいた。あまりの博覧強記に、初対面の人は「この人の専門は何なのか」と疑問に思うのだが（私はロシア史かと勘違いした。同時期に別の人はイスラム教だと勘違いした）、真の専門は池田・佐藤内閣期の防衛政策である。樋口先生は、「池田＝ハト派」「佐藤＝タカ派」という通説を、『「一国平和主義」の錯覚』で徹底的に書き換えられた。樋口先生の御説を土台とし、自分なりに研究した池田勇人像をまとめて描いたのが、本書である。

　こうした経緯で生まれた本書は、サラリーマン（公務員）から経営者になっていく池田の生きざまが伝わるのではないかと思う。一般には何の苦労もなく位人心を極めたと思われている、人間池田勇人の痛みや悲しみ、それらを乗り越えて人々に希望を与えた姿が描けていたとしたら、幸いである。

　アシスタントには、倉山工房の徳岡知和子さんにお願いした。さすがのベテラン、「嘘だらけ～」シリーズの要諦を飲み込まれていたので、非常に仕事がしやすかった。

　扶桑社担当の北岡欣子さんには、要所要所で適切な御助言をいただいた。『週刊SPA！』の犬飼孝司編集長、渡部超広報局長と「池田勇人で行こう！」と決めた時は、「経済が大事な時期になっているから」と見立てていたが、日本全体の沈没はそんなレベルではない。

　人々はどの道を進めば良いのか、見失っている。だからこそ、この時期に池田勇人の意義を世に問えてよかったと思う。救国（くにまもり）の役に立った時、本当の意味で本書が成功したと言えるのだ。

　日本の復活を信じ、筆をおきたい。

倉山　満（くらやま　みつる）

1973年、香川県生まれ。憲政史研究者。救国シンクタンク理事長兼所長。1996年、中央大学文学部史学科を卒業後、同大学院博士前期課程を修了。在学中より国士舘大学日本政教研究所非常勤研究員として、2015年まで同大学で日本国憲法を教える。コンテンツ配信サービス「倉山塾」を開講、翌年には「チャンネルくらら」を開局し、大日本帝国憲法や日本近現代史、政治外交について積極的に言論活動を展開している。主著にベストセラーになった『嘘だらけの日米近現代史』をはじめとする「嘘だらけシリーズ」があり、本書はシリーズ第八作目にして、初めて人物を題材としている。そのほかにも、『13歳からの「くにまもり」』を代表とする保守五部作（すべて小社）などがある

扶桑社新書 409

嘘だらけの池田勇人

発行日 2021年10月1日　初版第1刷発行

著　　者………倉山　満
発 行 者………久保田 榮一
発 行 所………株式会社 扶桑社
〒105-8070
東京都港区芝浦1-1-1 浜松町ビルディング
電話　03-6368-8875（編集）
　　　03-6368-8891（郵便室）
www.fusosha.co.jp

DTP制作………Office SASAI
印刷・製本………株式会社 廣済堂

Printed in Japan　ISBN 978-4-594-08946-7